変容する世界で
稼ぎ続ける羅針盤

マーケティング・ジャーニー

神田昌典

日本経済新聞出版

はじめに●変容する世界で稼ぎ続ける羅針盤

本書は、**すべての人を、優れたマーケッターになるよう、駆り立てる本**である。

なぜマーケッターなのか。

それは、この時代の変わり目において、マーケッターはきわめて価値ある職業だからだ。

図0－1を見ていただきたい。職種と年齢との関係をまとめたものだが、マーケティングは、唯一、年齢とともに年収ランキングがあがっていく職種だ。

少し考えてみれば、その理由はすぐにわかる。専門知識だけの人材は陳腐化するが、マーケティング力を持った人材は、自分の専門知識が、時代のスピードについていけなくなっても、他の会社や人材をプロデュースする立場で活躍できるからである。

シンプルにいえば、**専門領域で経験を重ね、さらにマーケティング力を身につけていけば、鬼に金棒。**

年齢とともに、自分だけではなく、周囲も稼げるようにサポートできるから、今勤めている会社がどうなったとしても、**あなたは社会から必要とされ続ける。**

そして、さらにいえば、マーケティング力は、人間が自然に持っている能力で、今や10代から培われている。

「子供が、マーケティングなんて理解するはずがない……」と思われるかもしれないが、実は、今の中学生、高校生は知らず知らずのうちに、企業が必要とするマーケティング力を身につけている。

なぜ19歳のインターンが即戦力となったのか？

そのうちのひとりである、A君の話をしよう。

彼は、高校の卒業式が間近に迫る中、大学に進まずに、自らビジネスをしようと、事業者登録を行った。そのとき、自分がどんな事業に取り組むのか、知っていたわけではない。だが、今、自分が大学に行くべきではないことは、知っていたのである。

[図0-1]

マーケッターの年収は年齢とともにあがり続ける

単位:円

25歳	職種トップ10	
1位	投資銀行業務	556万
2位	システムコンサルタント	504万
3位	生命保険業界 代理店営業	489万
4位	MR	454万
5位	医療機器・器具営業	442万
6位	金融コンサルタント	436万
7位	臨床開発	428万
8位	薬剤師	418万
9位	マーケティング	412万
10位	不動産/住宅販売業界営業	408万

30歳	職種トップ10	
1位	投資銀行業務	906万
2位	金融コンサルタント	671万
3位	不動産金融	663万
4位	システムコンサルタント	638万
5位	MR	602万
6位	生命保険業界 代理店営業	599万
7位	臨床開発	576万
8位	マーケティング	574万
9位	経営企画・事業企画	550万
10位	不動産/住宅販売業界営業	528万

35歳	職種トップ10	
1位	投資銀行業務	1232万
2位	不動産金融	870万
3位	金融コンサルタント	869万
4位	システムコンサルタント	758万
5位	マーケティング	738万
6位	MR	721万
7位	経営企画・事業企画	707万
8位	臨床開発	703万
9位	生命保険業界 代理店営業	691万
10位	薬事・薬価申請	688万

40歳	職種トップ10	
1位	投資銀行業務	1535万
2位	金融コンサルタント	1031万
3位	不動産金融	993万
4位	マーケティング	902万
5位	システムコンサルタント	865万
6位	薬事・薬価申請	840万
7位	経営企画・事業企画	832万
8位	企業法務	822万
9位	臨床開発	811万
10位	MR	811万

出典:就職・転職情報ナビ「業種別　平均年収ランキング」
http://rank.in.coocan.jp/salary2-gyoushu.html

それから1年が経つうちに、いくつかの偶然が重なり、彼は、私の元でインターンをすることになった。私としては、重荷を背負う覚悟の上での決断だった。なぜなら19歳のA君は、アルバイトを含めて、それまで仕事という仕事をしたことがない。

「仕事を覚えるまでに、相当時間がかかるだろうな」と予想したが……、見事に裏切られた。試しに仕事を与えてみると、驚くほどデキる。

商品説明の動画編集は、ほとんど指示しなくても仕上げてくるし、最新マーケティング・ツールも、管理画面を触っているうちに活用できるようになった。手間がかかるために、ベテラン社員が避けようとするデジタル作業を、遊び感覚でこなしてしまうのだ。

A君は、意外や意外、即戦力だったのだが――。

なんと彼は、高校では、先生が持て余していた問題児で、引きこもりがちだったという。

「……なぜ問題児が、即戦力になれるのか？」

実は、引きこもりが功を奏した。その間に、動画を作ってYouTubeに投稿したり、クラウド型グループウェア「G Suite」を使って台湾の学生と情報交換したり、アルバイトをする代わりに、メルカリで興味のあるものを売ったり買ったりしていた。引きこもっていた間の「遊び」によって彼は、企業が成長を加速するために必要なデジタルマーケティングの基礎力を身につけることになったのである。

このように**遊びながら、マーケッターとして育つ環境が自然に生まれている**のが、私たちが生きている時代なのだ。

「先が見えない時代」と、多くの大人たちは合言葉のようにいっているが、それには嘘がある。AI（人工知能）革命、グローバル経済や高齢化社会が本格化するのは、みんなわかっている。しかも、その変化に合わせて、子供たちは、すでに遊びながら、未来に活躍する準備を始めている。

今、見えないのは、未来の社会ではない。

社会が変わっていくのに合わせて、自分はどう変わっていけばいいのか——そう、変容の道筋《トランスフォーメーション・プロセス》が見えないのだ。

その道筋が、わかっていたら、どうだろう？

未来への不安は、なくなるよね。
どこにたどり着くのかがわかっているので、
その過程で直面する経験がどんなに辛くても、
乗り越えられる力が湧いてくる。

これはまた、商品としての「自分」や、その自分が取り組む「仕事」を、未来に売り込むために、必要な変化を経験していく道筋である。
私は、この**マーケッターの成長の道筋を、「マーケティング・ジャーニー」**と呼びたい。

マーケティングが人を育てるメカニズム

マーケティング・ジャーニーは、私が20年以上にわたって、2万人以上の経営者とダイアログを積み重ねてきた結果、把握・検証したもので、新しい成長を実現する事業——すなわち**「新成長事業」を作り上げるプロセスを図式化**したものだ。

初めて私の本を読む方もいると思うので、ここで私の経歴について少しご紹介させていただきたい。

私は、外務省経済局や戦略コンサルティング会社を経て、米国家電メーカーの日本代表を務めた後、１９９８年に経営コンサルタント、マーケッターとして独立した。

２００７年には、総合ビジネス誌のネット投票の結果、日本のトップマーケッターに選ばれたのだが、その理由は、**「マーケティングの民主化に挑戦し続けたから」**だと考えている。

私が書籍を刊行し始めた約20年前、マーケティングは「調査」のことだと考えられていた。メディアはテレビが主流。しかも、そのテレビ広告は、最低10億円をかけないと効果がないといわれていたので、大手企業が牙城を築いていた。

そんな中やってきたのが、アジアの金融危機に端を発する不況である。窮地に陥った中小企業の売上を支えるために、私は、アメリカのダイレクト・マーケティングを自ら実践し、日本に合う形で伝え始めた。アメリカ企業は、ダイレクト・マーケティングの手法を用いることで、小予算でも優良顧客を集めていたのだ。

そのノウハウをしたためた『60分間・企業ダントツ化プロジェクト』（ダイヤモンド社）、『あなたの会社が90日で儲かる!』『口コミ伝染病』(フォレスト出版)といった本は、楽天市場などのネットショップ経営の必読書として紹介され、中小企業の経営者たちを中心に活用された。

当時は、「ネットでは、高解像度のきれいな写真と短い文章でないとモノが売れない」といわれていたが、画像はできるだけ軽い容量のものとし、長い文章によるページを展開して、ネットでの説明販売型のセールスが可能であることを実証した。現在では、このページが、「ランディングページ」と呼ばれる販売ページの原型となっている。

20年前の書籍を見ると、「マーケティング・オートメーション(顧客獲得の自動化)」「カスタマーサクセス」「アンバサダーマーケティング」といった論をすでに展開しており、マーケティングという概念が、インターネットとともに民主化されていくプロセスを牽引したマーケッターのひとりではないかと自負している。

このように20年以上、数多くの事業やプロジェクトの立ち上げプロセスにかかわる中で、私は大きな疑問を持った。

「なぜマーケティングの実践を積み重ねると、優れたリーダーが多数、生まれるのか?」

[図0-2]

20年前からデジタルマーケティングの進化を予測

現在のマーケティング・オートメーション

お客が自動的に生み出されるシステム

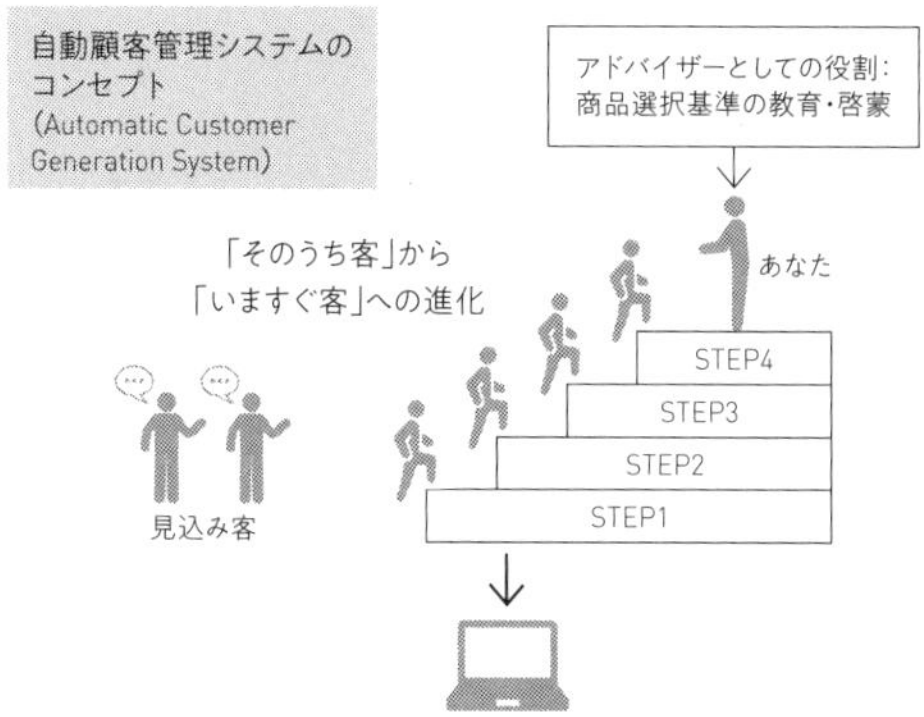

データベースにより各ステップ毎の管理および効率分析

出典：『小予算で優良顧客をつかむ方法』(1998年、ダイヤモンド社)
『あなたの会社が90日で儲かる！』(1999年、フォレスト出版)

現在のカスタマーサクセス

21日間感動プログラム導入による顧客ロイヤルティの変化

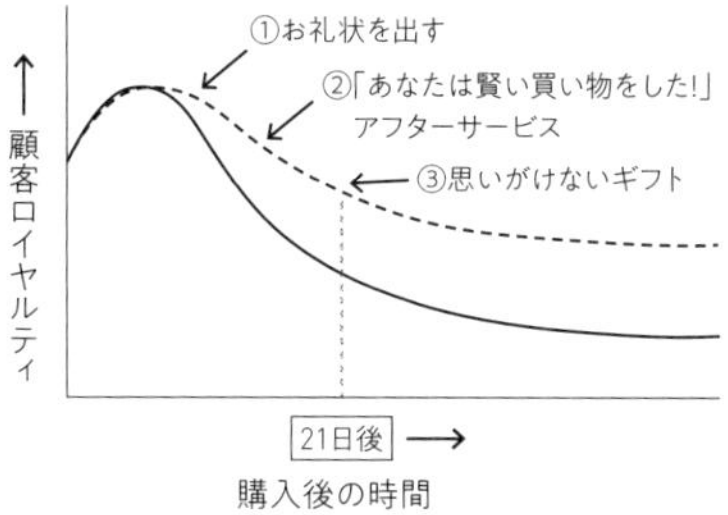

出典：『もっと、あなたの会社が90日で儲かる！』(2000年、フォレスト出版)

私は、スタートアップ企業の社長が、大きくなっていくプロセスを間近で見ることができた立場なので、彼らをよく観察してみた。

当初は自社の利益のことしか考えなかった経営者が、マーケティングを学び始めると、顧客満足に真剣に取り組み、社会貢献を志す。

経営者によって、それぞれ道のりは異なるのだが、結論は同じだった——**マーケティングは、人を成長させる**のだ。

私は、このメカニズムに夢中になった。

このメカニズムが解き明かされれば、ビジネスの成長と同時に、優れたリーダーをシステマチックに生み出せると思ったからだ。

よくよく考えてみれば、シンプルな流れだった。どんな規模の事業を立ち上げるにも、プロジェクト初期のうちは、事業を存続させるために、とにかく顧客を集め続けなければならない。

そこでまず求められるのが、効果的な広告メッセージである。なぜなら、言葉以外の、その他のもの——商品、品質、人材、サービスなどは一切、変えなくてもいいからだ。

そして顧客が集まり出すと、実は、もっと重要な問題があったことに気づく。

顧客は集まっても、利益が出ない。満足しない。リピートしない。

つまり、**事業モデルに、そもそも欠陥があった**ことが明らかになる。

次に、利益が出始めると、さらに重要な問題が浮かび上がる。

利益が出ても、苦情が入る。社員が辞める。トラブルが続く。

つまり、**リーダーシップが、そもそも足りなかった**ことに、否応なく気づかされるのだ。

［図0-3］

マーケッターとして成長する道筋を示す立体地図
「マーケティング・ピラミッド」

このように、経営者は、**マーケティングを実践しながら、事業を成長させながら、同時に社会的な存在へとなっていく**のである。この流れを体系化したのが、「マーケティング・ピラミッド」だ（図0－3、0－4）。

「神田さん、体系はいいので、手っ取り早く仕事に役立つマーケティング・ツールやテクニックだけ教えてください」という方――。

あなたのお気持ちは、よくわかる。ただ大切なことなので、もうちょっとだけ私の話に耳を傾けていただきたい。

なぜなら、マーケティングを表面的に学ぶだけでは、事業（さらにいえば、人生）は、バランスを崩してしまいかねないからである。

たとえば、手っ取り早く売上が上がるからと、顧客を創造するメッセージだけにフォーカスすることは、マーケティング・ピラミッド（図0－4）の第2ステージのみを築くことを意味する。すると、土台（＝第1ステージの、ビジネスモデル）がないので、広告を打てば打つほど、資金繰りに苦労する。さらに冠（＝第3ステージの、リーダーシップ）がないので、社会から応援される事業にならない。

このように集客メッセージは、短期的に事業を急成長させる上で非常に効果的ではあるのだが、それだけで走り続けてしまうと、間違いなく、事業はバランスを崩し、もう一度、土台から構築し直さなければならなくなる。

要は、「こうすれば、売れる！」というテクニックやビジネスモデルをそのまま借りてきても、残念ながらうまくいくのは一瞬。必ず、あなたに合わない顧客が集まってくるから、顧客の期待を裏切り、悪評を広げかねないのだ。

［図0-4］
マーケティング・ピラミッド

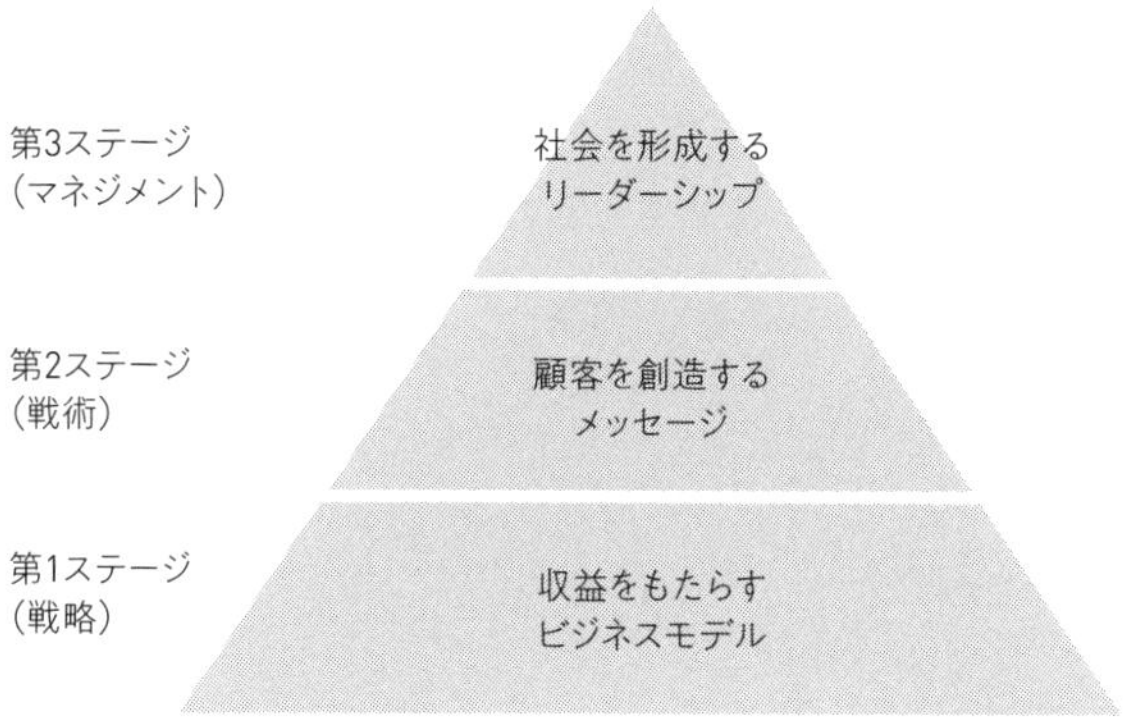

テクニックは変わる。技術も変わる。

だから今、即効性があり、楽に結果を生みそうなものだけつまみ食いしても、すぐに賞味期限はやってくる。

あなたが、優れたマーケッターになりたいなら、このフレームに沿って全体像を把握しておいていただきたい。

結果、変化が早いマーケティング分野で、求める成果をあげながらも、経営的な視点を身につけられるので、長期的に活躍できるリーダーへと成長できる。

マーケティング・ジャーニーの3ステージ

マーケティング・ジャーニーに沿って進

む道筋を、立体地図にすると、図0－4のピラミッド型のフレームとなる。

最終目的地は、社会から応援される事業を創ることだが、そこに到達するまでに、3ステージがある。

［第1ステージ（戦略）］収益をもたらすビジネスモデルを作る道筋
［第2ステージ（戦術）］顧客を創造するメッセージを作る道筋
［第3ステージ（マネジメント）］社会を形成するリーダーシップを作る道筋

ステージごとに、8つのテーマをたどっていく道筋が設定されているので、「戦略」「戦術」、そして「マネジメント」の3ステージ×8テーマ、つまり合計24テーマがある。

実は、それぞれがバラバラのものではなく、相互に関連するように設計している。その結果、ビジネスモデル、メッセージ、そしてマネジメントがズレることなく、一貫したものの――社会から信頼されるブランドへと育っていく。

つまりこれは、売上をあげながら、社会的リーダーシップを発揮していく、経営者・経営幹部養成プログラムといえるだろう。

本書では、この3ステージのうち、**今ビジネスパーソンに特に重要な、土台部分の「ビジネスモデル構築プロセス」にフォーカス**した。テクノロジーの革新によって、すべての分野において、新成長事業を生み出す必要性に迫られているからだ。

第2ステージについては、著書『稼ぐ言葉の法則』や監訳を務めた『ザ・コピーライティング』（いずれもダイヤモンド社）などで、同じフレームで整理した内容をすでに発表している。第3ステージについては、マーケティングというよりも、むしろマネジメントに分類されることが多い内容であり、具体的なノウハウについては、また別の機会にお話しすることにしたい。

マーケッターとして歩み始めるためには、とにかく成長する事業がなければ始まらない。本書でお話しする第1ステージのプロセスは、**すでに成熟した事業のリニューアルであれスタートアップの新規事業であれ、力強く成長するビジネスモデルを構築するために必須な道筋**である。

今回、第1ステージのプロセスをお伝えするにあたっては、多くの経営者やビジネスパーソンに人気を博している「日経ＭＪ」の連載コラム「未来にモテるマーケティング」を大幅に加筆修正した上で、再構成した。連載記事で取り上げた事例が、このフレームと組み合わさることによって、より体系的にお伝えできるようになったと思う。

ヒーローが育っていくように、マーケッターも育っていく

では、このステージの流れをざっと見ておこう。

図0－5の平面チャートに描かれているのは、仕事上で問題に直面したビジネスパーソンが、自ら問題を解決するために、自分自身について深く思考し行動していくうちに、自らの強みを生かせる解決アイデアを発見。それをビジネスモデルとして構築していくプロセスである。

各セクションについては、各章の冒頭にて改めて説明するが、一連の流れをわかりやすくご理解いただくために、ある営業スタッフを例に簡単に説明しよう。

営業スタッフは、営業先から会社に戻っても、疎外感を感じるようになった。既存商品が競争力を失いつつあり、今までの「市場」で売上をあげられなくなったからだ。

彼は、新しい「隙間（ニッチ）」を見出す必要があった。

「顧客」の苦情に思い悩むうちに、彼は、新しいビジネスモデルを「着想」する。

[図0-5]

第1ステージ：
ビジネスモデルを構築するまでの自分の成長プロセス

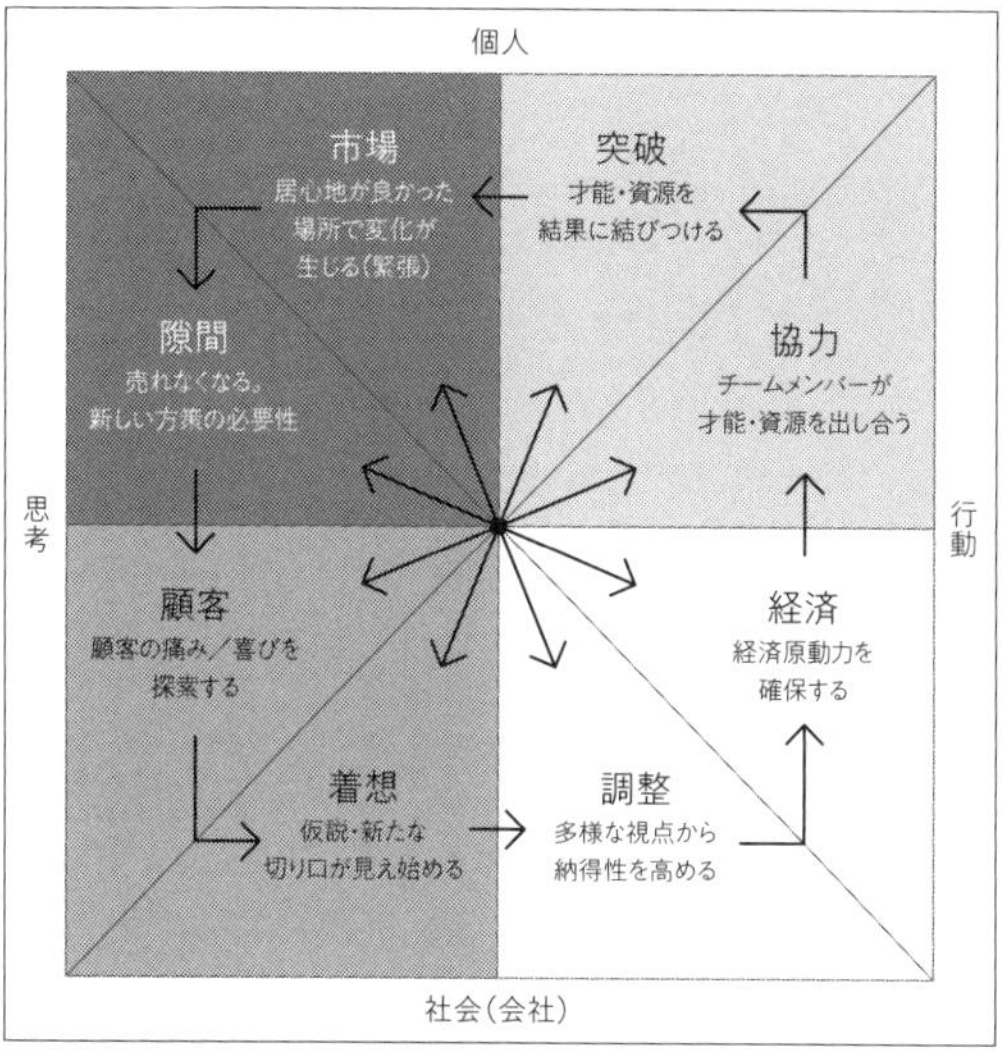

【市場】今まで不自由がなかった市場(環境)に変化が生じ、思ったように売れなくなった

【隙間】そこで、あなたは新しい隙間(もしくは新しい売り方)を探しに行かなければならなくなった

【顧客】顧客の心に深く触れることで、今まで自分が理解していなかった「痛み」や「喜び」が、世界にはあることを思い知らされる

【着想】今までの偏狭な思い込みを手放した途端、ひらめきが訪れる

【調整】さまざまな立場の人々に意見を求めながら、自らの提案を具体化していく

【経済】提案(プロジェクト)を推進するための、資金源を確保・設計する

【協力】応援してくれるメンバーを、プロジェクトに巻き込んでいく

【突破】各メンバーは、プロジェクトの推進を通して、自らの新しい才能・能力を発揮することで、望んでいた状況を実現していく

「これなら、シェアを一気に拡大できる」とワクワクしながら会社に提案するも、棚上げされたまま。

そこで自分の仮説を検証するために、各部門の意見を「調整」し、自分の責任範囲内でできる、小さな行動をとり始めた。新規顧客をひとり、ふたりと増やしていくことで、彼は自らの着想が、「経済」性を確保できることを証明する。

同僚からの「協力」を勝ちとって、最高益を「突破」。会社の新しい成長を生み出したヒーローとして、営業スタッフは昇進したのだった。

この話を、さらに要約すれば、「マーケッターが仕事上で結果をあげようとすれば、失敗しなければならない」ということだ。その失敗を克服するからこそ、当初考えていたビジネスモデルは、大きく形を変えて、成長し始める。

つまり**マーケッターとともに、ビジネスモデルも変わりながら、育っていく**わけだ。

この成功するまでの流れを知っているのと知らないのとでは、大違い。

「すぐに望む結果を、手に入れたい」ということしか目に入らなければ、壁が立ちふさがった途端に諦めてしまい、ゲームオーバーとなる。

しかし、ひとつ壁を乗り越えるごとに、またひとつ歯車が噛み合い始めていると考え、前進し続けることで、大きな現実が動き出す。**流れのパターンを知っておく**ことで、ビジネスモデルを完成させる「やり抜く力」を同時に身につけられるのだ。

激動の時代。あなたの選択と行動が未来の現実となる

私は、かつて外交官であり、国際貿易にかかわっていた。ナイジェリアに駐在し、途上国の実態を知るにつれ、「この世界をよくしていくためには、経済から変えなければならない」と痛感、思い切ってマーケッターに転身した。

個人的には、その決断をして、本当によかったと思う。なぜなら、第4次産業革命、国際体制の変革といった激動の時代に、マーケッターとして活躍するということは、ホンダやトヨタ、ソニーといったひとつの時代の繁栄を担う可能性がある事業を、クライアントとともに作ることになるからだ。

さらに超高齢化社会、国内においては、社会形成、国家体制の構築にかかわるような、

重要なカギをマーケッターが握っているからである。

だからこそ、マーケッターが歩む道は、未来に対する大きな責任が伴う。しかも、その道は、誘惑にも満ちているので、正しい道筋を歩まなければならない。


本書執筆中、新型コロナウイルスの感染が国内外で広がり、世間を揺るがす事態となった。

今回の出来事は、経営者や指導者、マーケッターにとって、何を意味するのか？

挑戦する経営者や指導者、マーケッターにとっては、このウイルスという目に見えない敵との戦いをきっかけに未来からの潮流に乗り込む必要がある。


ここには、大きくふたつの潮流がある。

ひとつは、反グローバリズムの流れ。トランプ大統領が象徴的に取り組んでいるようにどんどん周辺と壁を築く流れだ。壁を築くというのは、断絶することを意味しているわけではない。**移動を制限された結果、ローカルの良き伝統が見直され、それは結局、壁の上——クラウドを伝って、グローバルに広がる。**

もうひとつは、デジタル変革（DX）の流れ。移動や人との接触に制限がかかるから、これまで対面で行うように規制・習慣化されていたあらゆる活動が、デジタルで済ませられるようなビジネス環境の整備が加速する。具体的には、**年間に何日休みがあろうとも、社員がひとりも出社しなくても、成長できるビジネスモデル作りにすぐに挑戦していく会社が勝者**となる。

要は、挑戦するリーダー、マーケッターにとってみれば、今までのやり方を思い切って変える、革命の機会が訪れているのだ。騒動後を見据えて、その後に大きく飛躍するための未来のモデル作りをこの機会に完成させることである。

そこで、マーケティング・ジャーニーが、羅針盤として必要になるわけだ。マーケッターとして、新成長事業を作り上げる道筋を見学しに行く準備はととのっただろうか?

変化の時代の、最高の職業――マーケッターになる旅へとご案内していこう。

2020年3月

神田昌典

マーケティング・ジャーニー　目次

第2章

エリア❷【隙間】

圧倒的に勝利する、隙間《ニッチ》を探す決意

第3章

エリア③【顧客】

顧客の痛みを感じなければ、道は閉ざされる

第4章 エリア④【着想】

再現性ある着想力をマスターする

第5章

エリア⑤【調整】

他者を巻き込み行動するために、チームを組む

第6章

エリア❻【経済】

予測可能な成長をもたらす、集客モデルを組み立てる

第8章

エリア⑧【突破】

事業成功は、社会建設へのアプローチ

第1章

エリア❶【市場】

すでに日常にある、未来への突破口

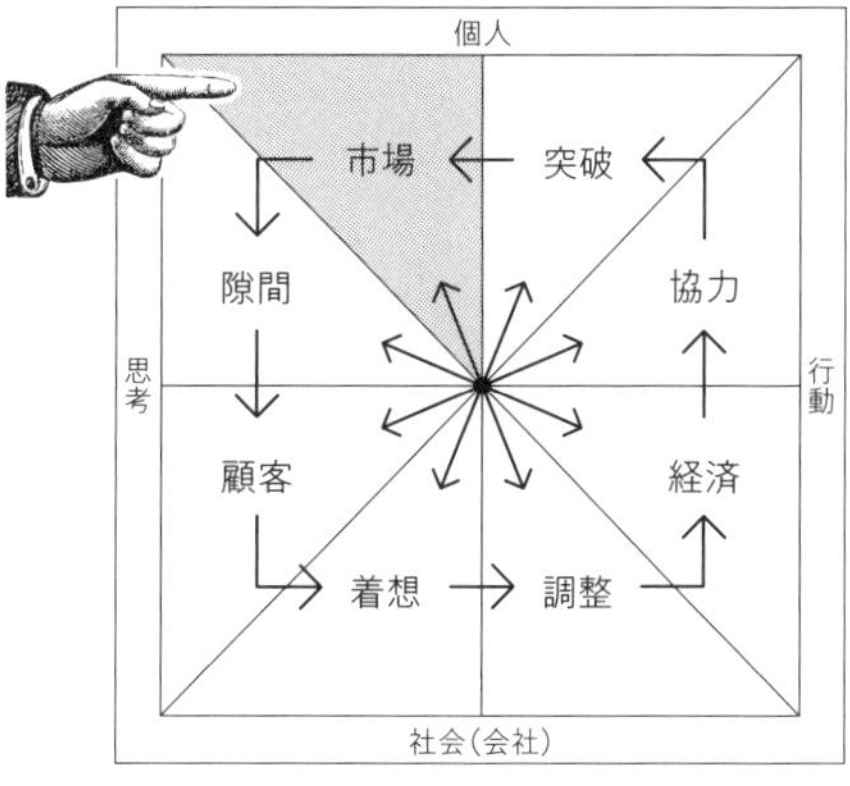

小さな変化をきっかけに、新成長事業の種を探す

どんなに安定を求めようとも、あなたが事業を展開する「市場」は崩れる――。

なぜなら、年々加速する技術進化により、世界は刻一刻と変化しているからだ。世界が変化しているのに、変化したくないと安定にしがみつくことは、大きな波に飲み込まれながら、同じ場所にとどまろうとするようなもの。土台、無理な話なのだ。


たとえば……、ここ10年を見ても、市場は大きく変わっている。ほんの少し前を想像してみればわかる。

10年前は「インターネットでは、試着できないから洋服は買わない」「サイズが合わせられないから靴は買わない」「度がわからないからメガネは買わない」といわれていたが、今やネットでの購入が当たり前だ。車や住宅すらネットで即決するという話もよく聞くようになった。

これだけ大きく変わる中、唯一の安定は、世界とともにあなた自身が変化していくこと

である。そして、あなた自身が、変化をリードしていく立場になることだ。

そこで、「市場」セクションでは、これから始まる未来について予想しながら、大きな潮流に乗っていくためのヒントを提供したい。

未来予想については、さまざまな観点からアプローチできるが、ここでは、これからの未来に大きなインパクトを与えるデジタル変革を前提として、話をしていこう。

仮想空間と現実空間を高度に融合させたSociety 5.0の時代が始まるといわれる中、成長を見出すためには、既存の事業にデジタル技術を導入していくことが、どの会社にも必要だからである。逆にいえば、デジタルをうまく取り入れられれば、ほとんどの既存事業は、成長を取り戻す。

第1章では、そのデジタル変革の中でも、「紙幣と象徴」「ゲーム世代」「クラウド」「ブロックチェーン」というキーワードについて、話していくことにしよう。

新しい技術に対する、ちょっとした学びが、未来への突破口を開くことになる。

自分の安定が崩れ出したとき、どうすれば新しい成長を見出せるのか？

その答えを得ようと念頭に置きながら、お読みいただきたい。

市場エリア

マイルストーン

1

新札から読みとる、令和時代のビジネスチャンス

経済産業省の経済政策レポートを読むと、日本の未来に、暗澹《あんたん》たる気分になる。

「企業の高齢化で、事業の担い手そのものが消失する危機にある」

「海外展開を進めることは必須。しかし、輸出を行う日本の企業の割合は低い」

「中小企業が数の力で地域経済を支えることは困難」といったネガティブな指摘が続く。

さらには、企業数の99・7％を占める中小企業は高齢化が著しく、2025年には127万社が廃業予備軍となるという衝撃的シナリオも、2017年に発表されている。

こうした暗い未来は、人口減社会がもたらす結果であり、日本が世界でもっとも早く経験している。逆にいえば、やりがいのある挑戦の時を、日本は迎えているともいえるのだが——私は、**意外にあっさり、この困難を乗り越えるんじゃないか**と思っている。

なぜなら、すでに「突破口」が準備されているからだ。

どこに突破口はあるのか？　ヒントは、「新札の顔」にある。

「顔」は、非常に強力だ。象徴的に活用すると、人々の行動力を引き出す効果を持っている。たとえば、会社を象徴する社長や創業者などの顔が入った広告と、顔が入っていない広告の反響を比べると、**顔入りのほうが、明らかに反響が大きくなる。それだけで3倍近く売上が変わる**ことさえある。

私はコンサルティングの現場で将来の企業戦略を見出そうとするとき、創業者の笑顔をイラストで描き、「創業者が現代に生きていたら、どんな状況に満足を感じるか」という問いを立てる。すると、多くの場合、社員自ら、創業ビジョンを超える、輝かしい戦略を構想し始める。それだけ**「顔」は、さりげなく、しかし強力に行動を促す**のである。

さて、2024年度の上半期をめどに発行される新紙幣の肖像画についても、今後これと同じような効果が表れると見ている。日々、新札の肖像画を目にすることで、肖像画の人物が残した偉業が無意識に刷り込まれていく。そして、肖像画の人物のような行動をする人たちが現れると、周囲は自然に協力・応援するはずだ。

新紙幣の3人の中でも、特に注目したいのは、1万円札の渋沢栄一である。

「日本資本主義の父」と呼ばれる渋沢は、明治維新以来、あらゆる業界で約500もの企業の創設にかかわったといわれている。いわば「シリアルアントレプレナー（連続起業家）」の先駆け的存在だ。

しかも、驚くことに、東京ガス、みずほ銀行、帝国ホテル、清水建設、サッポロビールを始め、今も300社以上が存続している。複数の事業を立ち上げることだけでなく、それを成長させていく経営管理の達人、そして経営者を育てる達人だったというわけだ。

さらに、ご承知のように、渋沢は決してお金儲けだけの人間ではない。彼は、著書『論語と算盤』で「道徳経済合一説」を唱えた。道徳と経済は不可分で、本質的に一致するという考えだ。そんな渋沢栄一が1万円札に象徴的に描かれる世の中は、間違いなく、ベンチャー企業や新事業、それを立ち上げる人々が奨励される社会になる（余談だが、新紙幣のもうひとりの「顔」はペスト菌を発見した北里柴三郎。ペストが蔓延していた香港に時の政府から派遣され、何世紀も解明されなかったこの病気の原因を突き止めた。2020年、世界を揺るがす事態となった新型コロナウイルスとの不思議な偶然を感じざるを得ない）。

すでに兆候は表れている。

2022年度より導入される高等学校の新学習指導要領では、**「探究学習」**に重点が置かれている。この教育は、**新しいプロジェクトを生み出す過程で必要な学びを得る教育、すなわちベンチャー教育**なのだ。

実際、探究学習を先駆けて履修した生徒のプレゼンテーションの場に参加してみると、それはベンチャー企業の社長らが、資金を求めてプレゼンするビジネス・コンテストと、なんら遜色ない。

探究学習に取り組む高校生は、夢中だ。大人たちが、働き方改革で残業できない中、子供たちはプレゼン準備のため深夜まで夢中になって準備する。彼らにとって、もはやビジネスを生み出すのは、「遊び」なのだ。だから、人口減社会を憂いて眉間に皺を寄せ、大人が悩んでいても意味がない。学校の授業中に発想される、子供たちのビジネスアイデアに投資して、スタートアップ事業を大量に始めるほうがよほど得策だ。

大阪万博を起爆剤に、新事業を生み出す

では、こうした子供たちと各世代が連携しながら、未来から応援される新事業を、大量に立ち上げるためには、どうしたらよいか。

［図1-1］
探究を突破口とした、新成長企業の創出

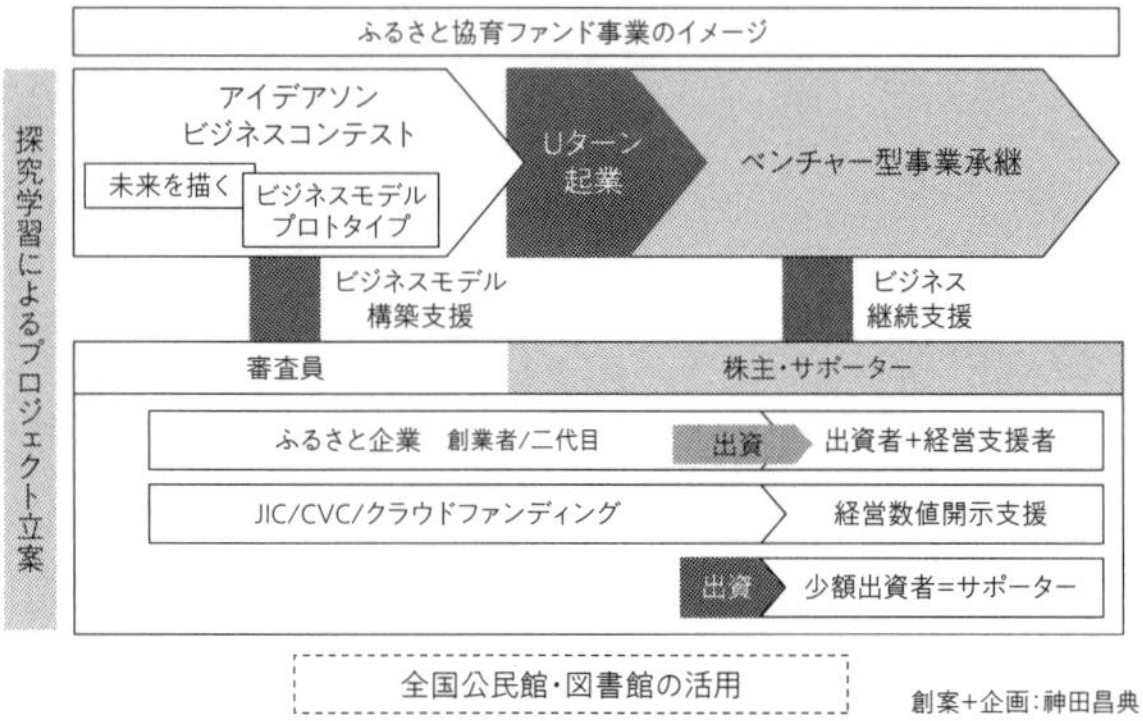

私は、２０２５年に行われる大阪万博をひとつのきっかけにすればよいと考えている。

２０１８年11月に、55年ぶりの開催が決まった大阪万博は、大阪・関西という地域のみならず、日本全国の成熟期にある中小企業にとっても、**各地域の伝統的な強みを最新技術と組み合わせて、未来を構想していく絶好のチャンス**だ。

そこで私が提案したいのは、独自の強みと新技術を生かして地域の社会問題に挑む中小企業が、学生とともに構想や戦略を展示できるブースを設けることだ。

小規模なブースだとしても「２０２５年問題」といわれる超高齢化社会を解決する

のに不可欠な、日本ならではの成長事業を数多く生み出す起爆剤になるだろう。

ブースへの出展にはふたつの条件がある。

ひとつは、地域の社会問題の解決に挑戦している、学生との共働プロジェクトであること。もうひとつは、その地域ならではの強みや伝統を生かした提案ができていることだ。

そうしたえりすぐりのベンチャーを全国から募り、大阪・夢洲《ゆめしま》の万博会場に集める。ネットのよさを生かして、会場だけでなくそれぞれの地域での「地域万博」も同時開催し、ネットでつなぐ。**大阪万博は高校野球でいうと甲子園**みたいなものだ。

重要なのは、単にベンチャーを集めることではない。現在もすでに、各地でビジネスアイデアコンテストが開催されており、アイデアへの助成金も出ている。しかし、それらの取り組みはすでに形になったタネを土壌に植える活動といえる。

それよりも、私は、タネ自体をゼロから創造することがより重要になる、と考えている。だから、学生を巻き込むことがカギなのだ。

具体的には、**地域の高校や大学を、新規事業を生み出す拠点**にする。

地域の中小優良企業にとっては、産学連携のプロジェクトを始める機会になるし、学生にとっても企業と組んで万博に出展するベンチャーを創出する活動は魅力的だろう。

そしてベンチャーのタネを苗や幹に育てるにはやはり資金が必要だ。調達には**「ふるさと協育ファンド」を創設**してはどうか。各地域の有力企業が出資してファンドを作り、ベンチャーのアイデアに対して出資・応援する仕組みを作るのだ。

万博が開催される5年後までに、全国に1000社のベンチャーを作ることを目標にしてはどうか。多いように見えるが、各都道府県から30〜50社ずつ育成できれば、実現不可能な目標ではないだろう。

赤ん坊を小学生に育てるのと同様の時間と労力がかかるが、今始めなければ、次のチャンスは、ない。ともに実現に向けて手を組める同志が集えば、まだ間に合う。

The Marketing Journey Milestone 1

☑ **社会イベントで加速する、新成長事業を立ち上げられるか?**

市場エリア
マイルストーン
2

プログラミングなしのビジネスは、もはや成立しない

あなたの企画書には、顧客が触れる画面――たとえば、アプリを開いたときの画像や動作イメージを解説するページがあるだろうか？

なければ、今から付け加えたほうがいい。なぜなら、これから成長するビジネスを動かすのは、「プログラム」だからだ。

かつて新事業を始めるといえば、その前提になる主たる活動は――製造業なら、機械を動かして商品を製造することであり、サービス業なら、人を動かして顧客サービスを始めることだった。

しかし、近年、生まれてくる**新たな成長事業の大半は、プログラムを動かすビジネス**だ。GAFAはいわずもがなで、エアビーアンドビーやウーバーのようなシェアリングサービスも、資金調達（クラウドファンディング）などのクラウドサービスも、すべてはプログ

ラムを動かすことで、今まで出会うことがなかった人同士を、マッチングすることで成り立っている。

これらの事業の本部は、人の手をほとんど借りることなく、24時間365日、疲れることを知らずに働き続けられる。だからこそ、**いったんプログラムが動き始めれば、加速的成長が実現**できる。

小学校の義務教育で必修化されたことからもわかるように、今やプログラミングは、数学や英語、国語と同じぐらい、なくてはならない知識になった。**ベテラン経営者でさえ、最低限のプログラミングは学ばなければならない。**その思考プロセスを知らなければ、プログラマーを採用したり、開発を委託したりする際に、何を基準にすればいいのか、判断すらできないからである。

かつて製造業では、有能な旋盤工と普通の旋盤工では能力も報酬も数倍違っていたが、プログラマーはその比ではない。ビル・ゲイツによれば、有能なプログラマーは、平均的なプログラマーと比べて、価値の差は1万倍にも達するという。

また、**有能なプログラマーは技術者というより、詩人**に近いといわれる。理由は、インスピレーションやインサイトの連続でプログラムを書き上げているからだ。

それは訓練で身につくというよりも、一種の才能やセンスが物をいう世界だ。そうしたプログラマーと手を組むことで、新成長事業が成功する可能性はきわめて高くなる。

ハチロク世代が動かす、これからの70年

プログラミングの才覚を持った経営者たちは、日本でも、すでに頭角を現している。特にここ数年、いわゆる〝ハチロク世代〟と呼ばれる**１９８６～１９８７年生まれの経営者たちが、従来のビジネスの価値観を大転換**させている。

たとえば、クレジットカードの決済手数料を無料にし、29歳で上場したメタップスの佐藤航陽《かつあき》社長。

日本初の株式投資型クラウドファンディング「ファンディーノ」を立ち上げた、日本クラウドキャピタルの大浦学ＣＯＯ（最高執行責任者）。

「デジタルネイチャー」という概念を提唱して、さまざまな〝魔法〟を起こしている著名メディアアーティストの落合陽一さんも同世代だ。

そもそも、私は時代が70年周期で循環すると考えている。

戦後を井深大氏や本田宗一郎氏といった当時の30代が創造したように、**2015年以降の70年を作り上げるビジネスリーダーが、続々、誕生**している。

彼らは新たな価値観を持ったリーダーだ。

特徴は、金稼ぎよりも「社会変革」に強い関心を持っていること。

たとえば、メタップスの佐藤さんは「経済の民主化」を目指しているし、日本クラウドキャピタルの大浦さんは「起業を目指す若者や女性が資金調達できる環境を作ることで、日本経済を元気にする」と語っている。時価総額の最大化を目指し「拝金主義」とレッテルを貼られたひと昔前のＩＴ長者とは違う。

ポケモン世代とウルトラマン世代の違いとは？

なぜ、こうした経営者が、86〜87年世代に集中しているのか。

私の答えは「ポケットモンスター」だ。

拙著『インパクトカンパニー』（ＰＨＰ研究所）でも述べたが、**自我が芽生える10歳前後に**

夢中になった物語は、大人になったときの価値観に大きな影響を与える。

たとえば今の50代、現在、多くの会社で経営幹部を務める世代がハマった物語といえば、「ウルトラマン」だ。

ウルトラマンの行動原理は、自分と異質なものを「敵」と見なして戦うこと。ギリギリまでスペシウム光線を発射しないという考え方は、高度成長期に、「目標達成より、そこまでの過程における気合いと根性を重視」といった価値観を植え付けた。

一方、１９８６〜１９８７年生まれの〃ハチロク世代〃は、１９９６年に発売されたポケモン初のゲーム「赤」「緑」やアニメの影響を色濃く受けている。

ポケモンの特徴は、ウルトラマンと異なり、**「敵がいない」**ことだ。多様なモンスターとは戦うのではなく「遊び」、ポケモンマスターはポケモンを育てる。この世界観に親しむことで、**「皆で共生する」**という価値観が培われ、世の中をどう作り上げるかに関心を持つようになったのだろう。次々と課題をクリアするＲＰＧゲームのスピード感に慣れているので、意思決定や状況判断のスピードも速い。

さらに彼らの価値観の元になっているゲームにはクリアな目標があり、ミッションがある。どうすればポイントを得られるか、すなわち評価されるかも明確。つまり**ゲーマー**

は、完璧に設計された世界に生きることに慣れているのだ。

こうしたゲーマーたちが、これからのビジネスの主流を担っていく。しかしながら、彼らの価値観やニーズに対応した**「居場所」を提供している会社は、ほとんどない。**

ここに星の数ほどの、ビジネスチャンスが生まれる可能性がある。

もちろんポケモン世代が好むような、暗号資産やブロックチェーン、eスポーツなど、ゲーム性のあるビジネスも考えられるだろうが、激しいグローバル競争の中、勝ち残っていくのは容易ではない。

それより成熟産業で、今まで人の手で提供されてきた専門サービスを、プログラム化していくことを、会社の仲間と、話し合ってみるのがいいだろう。

たとえば、あなたの周囲を見回してみて、特定の人のスキルレベルが高いから、価値を与えられているサービスはないだろうか？

こうした**専門家だけが持っているスキルを分析して、その一部でもプログラム化**すれば、スキル承継や人材獲得が難しい中、すべての業界で喜ばれるはずだ。

「神田さん、確かにそうしたスキルはありますが、それをプログラム化しても、うまくいくはずないですよ。現実には、それは一部の達人にしか、できないんです……」

そう、反論する方も多いだろう。

しかし、**達人でしかできないからこそ、チャンス**がある。

達人だけができる複雑な作業のうち、誰もができる基礎的な部分をプログラム化してしまえば、一流とはいえないまでも、二流のレベルの人材を、短時間で多数育成できることになる。また**細分化された、隙間時間でできる仕事であれば、本業でなくても、副業として取り組んでみたいという人は、いくらでも出てくる**はずだ。

人生100年時代になり、働き方改革が進む世の中――隙間時間で働ける副業は、いくらでも必要だ。

このように人口減が進む日本では、無数のチャンスが生まれている。

ポケモン世代は、ウルトラマンのように、ギリギリまで発射を待っている必要はない。

The Marketing Journey Milestone 2

目の前の不便や問題を、プログラムで解決できるか？

市場エリア

マイルストーン

3

社員を雇う前に、クラウドサービスを使い倒す

新事業の立ち上げは、もはやレゴブロックを組み立てるかのようにシンプルかつ、楽しい遊びになり始めている。しかも、限りなく少人数で、遊べるようになった。

理由は、**米国で急成長している、ある分野**だ。2011年には商品数が150しかなかったのに、2018年には7000以上が出回っている。

それは、いったい何か?

答えは「マーケティング関連のクラウドサービス」である。

たとえば、「Zendesk Chat（ゼンデスクチャット）」は、コールセンター業務が非常に効率的にできるクラウドサービスだ。

インターネットが登場する前まで、コールセンターは、名前の通り、オペレーターが電話を受けることが主な仕事だった。顧客からの連絡手段が電話しかなかったからだが、今

では、連絡手段は電話だけでなく、メールやＬＩＮＥ、フェイスブック、ツイッターなど、多岐にわたっている。その多岐にわたる手段を一元管理できるのが、「ゼンデスクチャット」だ。これをインターフェースに使えば、顧客がどのチャネルで連絡してきたとしても、ひとつの画面で対応できるので、これまで10人かかっていたような業務がひとりで行える。顧客にも手間をかけないので、コミュニケーションが円滑になり、販売機会を逃さず売上を増やせるというわけだ。

また、「LeadPages」は、通販サイトなどの入口のページである「ランディングページ」を、素人でも簡単に作成できるクラウドサービスだ。顧客が反応するように作られた基本フォーマットが数多く用意されていて、それらは業界ごと、また成約率ごとにランキングされている。このサービスを利用すれば、効率よく顧客が獲得できるページがすぐに作れてしまう。その他にも、顧客分析ツール「KISSmetrics」、ソーシャルボタン設置サービス「AddThis」、バイラルメディア「Upworthy」、フェイスブックの分析ツール「LikeAlyzer」、オンライン教育プラットフォームの「Teachable」などなど各分野でさまざまなサービスがあり、枚挙に暇がない。

まさに**マーケティング・ビッグバンと呼ぶべき状況**だ。

「若い人ほどテクノロジーベンチャーは有利」は、幻想だった

このようなマーケティングクラウドサービスは、新成長事業を立ち上げたい人にとって、とてつもなく強力な味方といえる。事業ビジョンがあり、サービスの組み合わせ方さえ知っていれば、ひとりでもあっという間にビジネスが立ち上がり、高度なマーケティング戦略でも実行できるのだ。

これらのクラウドサービスを最適な形で組み合わせられるマーケッターがひとりいるかいないかで、立ち上げスピードがまったく異なってしまう。

これまで企業が新規事業に及び腰だったのは、どんなに素晴らしいビジネスアイデアが浮かんだとしても、ある程度の資金と人数を投入しなければならなかったからだ。

しかし、これだけ環境が整うと、ほんのひとりふたりで立ち上げられる。そうして**実験的に始めて、軌道に乗ることを確かめたあと、本格的に立ち上げればいい**のだ。

会社によっては、こうしたクラウドサービスを使うのに消極的な場合がある。「基幹システムとの互換性がない」とか「セキュリティ面でリスクがある」とか「無料のＡＳＰな

んてとんでもない」とか、さまざまな理由を挙げる。しかし、**すべて変化したくないための言い訳**でしかない。

もし自社でクラウドサービスを提案して却下されたとしたら、「辞表」という言葉を頭に浮かべよう。大げさに思うかもしれないが、これだけ速く動いているマーケティング分野で、経験が積めない環境で働き続けていたら、将来は、使い物にならなくなってしまう。それだけ重要なことであると会社に認識してもらうことも、大切な仕事だ。

このようにデジタル時代の新事業は、クラウドサービスを基盤に構築せざるを得なくなっているので、若い人ほど有利のように見える。しかし調査によれば、**年齢の高い経験者がいたほうが、実は、レベルの高い成功を収める確率が高い。**

米国ビジネススクールが発信するブログメディア「KelloggInsight」によれば、**50代が創業した場合、30代と比較して、業界トップ0・1％に入る確率が1・8倍ほど高い。40代が創業した場合、25歳の経営者と比較して、成功率は2・1倍ほど高くなる。**

さらに米国の技術系ベンチャーの、平均創業年齢は45歳。つまり**ベテラン社員が、今まで業界内で培った豊富な経験を土台に、クラウドサービスによる業務効率化に詳しいマー**

ケッターと組めば、最強のコンビになるのである。

「でも、神田さん……。私はデジタルネイティブではないので、クラウドといわれても、まったくわからないのです」

そういう人も、少なくないだろう。

自分ひとりでやろうとするから、いけない。**カギは、世代を超えたコラボ**だ。

私のクライアントでは、役職定年を迎えた50代のお父さんがセカンドキャリアを探すタイミングと、娘さんが社会人になるタイミングがちょうど重なり、親子で事業を立ち上げるといったケースが複数見られるようになった。

また子供たちが学校の課題となるビジネスプロジェクトを探している時代だ。学生インターンや、自分の子供に手伝ってもらえばいい。実践的な、最高の教育環境を提供できるはずだ。

あなたにとっては仕事であっても、デジタルネイティブにとっては、遊びなのである。

そして、これからの時代――**マーケッターは、遊び続ける以外に、能力を伸ばす方法はない。**

ソフトバンクもアップルも、創業20年を超えてから成長した

ところで、企業の本格的成長は創業何年後から始まると、あなたは考えるだろうか。3年後、5年後、それとも10年後？

私は「創業20年後から始まる」と考えている。

一般的に、企業は創業からしばらくは成長するが、創業者の年齢があがるにつれ衰退するのはやむを得ない、というイメージを持たれている。しかし、それは大きな勘違いだ。

創業20年を経てから本格的成長を果たした企業は、枚挙に暇がない。

たとえば、100円ショップ「ダイソー」を展開する大創産業は、1972年に創業。創業20年の頃は直営店を出し始めたばかりで売上も小さかった。ところが、そこから成長し、今や海外26カ国で5000店を展開。売上高は4500億円に成長した。

あのソフトバンクも、実は創業20年の時点では、売上高4000億円程度。営業損益は黒字どころか、240億円の赤字を出していた。しかし、その後、携帯キャリアへの参入を始めとした、ビジネスモデルの大転換を果たし、今は売上高9兆円超、営業利益は1兆

円超のグローバル企業へ成長した。

他にも、アメリカのアップルなどは、創業20年後の1996年当時は、ウインドウズ95の勢いに押されに押され、IBMやキヤノンなどさまざまな企業に身売り交渉をしては決裂していた。当時の関係者が今のアップルの姿を見たら、驚愕するのではないだろうか。

20年かけて築いた事業基盤は大きなアドバンテージ

なぜ、創業20年を経てから本格的成長を果たしている企業は多いのか。

理由は明らかだ。20年を細々とでも生きながらえた会社は、強みを生かせるビジネスモデルが明確になっている。社員も安定稼働しているし、その分野において一定の評価も得ていて、固定客も獲得している。**小さくても事業の核と基盤が整っている**のである。

身をもって体験している読者も多いと思うが、新規事業を立ち上げて、一から新規顧客を獲得することは、想像以上に、マーケティングコストがかかる。ある程度の顧客ベースを持っていることは、新規事業を立ち上げるときに、大きなアドバンテージとなる。

協力企業を募る上でも、見込み客がいるかいないかでは、協力度合いが違ってくるだろう。大手企業の協力が得られれば、公的な団体などとの協力関係も築きやすくなる。あとは、そこに未来を見据えたマーケティングとマネジメントシステムが加われば、継続的な成長が一気に実現できるようになる。

「インパクトカンパニー」と呼び替えれば、すべてが変わる

こんな未来があるにもかかわらず、創業20年を超えた中小企業は、「これから本格的に成長する」という前向きな印象よりは、「これからどう事業を存続させていくのか」という後ろ向きな印象を持たれがちだ。

そこで私はこうした消極的なイメージを転換すべく、中小企業を**「インパクトカンパニー」**と呼ぶべきだと提唱したい。

中小企業は全法人数の99・7％、就労人口の70％を占め、社会的に大きなインパクトがあるセグメント。大手企業の華やかさや堅実さと比較すると採用にも苦労することが多いが、インパクトカンパニーというポジションを確立することで、市場に与える印象自体を変えてしまうのだ。インパクトという言葉は、最近では金融分野での「インパクト投資」

が注目されている。経済的利益を確保しながら同時に、貧困や飢餓、差別、環境破壊といった社会的問題の解決を目指す投資手法だ。インパクトカンパニーも同じように、社会問題の解決に取り組むことを使命とする。

グローバル市場では1強しか生き残れないが、ローカル市場なら顧客の近くにいることを生かし、**人間らしい生きがいのある仕事を創出しながら、複数の会社が共存**できる。

そうした企業を、単に規模の大小で評価する「中小企業」という名前ではなく、社会的インパクトに直結するインパクトカンパニーと呼ぶことで、むしろその**未来における本質を描き出せる。**

ネーミングを変えるだけなので、お金は一切かからない。なのにそれだけで未来への成長を支える、社会貢献意欲のある人材が集まってくるのだから、こんな簡単なことはない。あなたも自らの会社のイメージを、インパクトへと変えてみてはいかがだろうか？

The Marketing Journey Milestone 3

成熟企業を、インパクトカンパニーへと再生できるか？

市場エリア

マイルストーン

4

ブロックチェーンは、嘘をつけなくする技術

プログラミングによって新事業を生み出す場合に、今から導入を想定しておいてもらいたい技術が、「ブロックチェーン」だ。暗号資産（仮想通貨）の基幹技術であり、ネットワーク上のユーザーが同じ台帳を持つことで、データを改竄《かいざん》できなくなることが特徴である。

暗号資産だけの技術と思われがちだが、その社会的インパクトは計り知れない。

その一例が、**ヨルダンのアズラック難民キャンプ**だ。数万人ものシリア難民が暮らしているこのキャンプは、不安定な電力事情で携帯電話も満足に使えていないような状況だった。しかし、「すべての難民に食糧支援を平等に行きわたらせる」という難しい課題を解決しつつある。その突破口を拓いたのが、ブロックチェーンを使ったシステムだ。

難民は網膜の情報を提供すると、特定の店で食糧を買えるクーポンが入った電子ウォレットがもらえる。店に行き、網膜をスキャンしてもらうと食糧が買える。

この一連の流れはブロックチェーンで記録されていて、他者が改竄できないので、食糧の横領や強奪などの心配がない。そのため難民一人ひとりに確実に物資が届くわけだ。しかも、記録の管理や店舗への支払いなどを行う中間業者が不要で、経費が何億円も節約できるという。

ブロックチェーンが革新的なのは**「信用のベースを容易に作れる」**点だ。

かつて、信用のベースを生み出し、世の中に革命を起こしたのは、15世紀後半から広がった複式簿記だ。

複式簿記で取引を正確に記録できるようになったことで、帳簿を見れば、その人や組織がお金を持っているのか、本当に信用できるのかが誰でも判別できるようになった。

その結果、信用という概念が確立し、お金の貸し借りが活発になり、経済が急拡大した。ただ、その信用は国が公認した仲介人、つまり金融機関や公認会計士がいなければ、成り立たなかった。

それに対してブロックチェーンを使えば、金融機関や公認会計士なしに、すべての人と人とが信用によってつながれるようになる。ひょっとすると、**15世紀以来の、社会体制の抜本的な変革**を引き起こすかもしれない。

今はブロックチェーンを事業の中核にしたビジネスモデルを企画すると、現実的な投資家からは、「なにを夢見ているのか」とあまり相手にされることはない。しかし、そう口ではいうものの、実際、企業の事業開発の現場では、「ブロックチェーン革命が始まった際には、確実にポジションをとる」ように、すでに準備がスタートしている。

教育ブロックチェーンで企業が奨学金を支給？

世界を見渡すと、この**信用創造の技術を使って、多様な新しい仕組み**が生まれつつある。たとえば「Proof Suite（プルーフスイート）」は、住宅購入のための資金を、暗号資産のコインである「トークン」を発行することで1ドルから募集できる仕組みだ。これを活用すれば、返済期間が20〜30年にも及ぶ住宅ローンを借りずに、住宅資金を調達できる。

具体的にいえば、購入予定の住宅を証券化して、小分けにして販売する。たとえば、20万ドルの家なら、20ドルずつに分割して販売。資産価値があがった場合は、その証券も値上がりするという仕組みだ。米国では家をきちんとリフォームすれば住宅の価値があがるので、トークンを持っている人はキャピタルゲインを得ることも可能だ。このトークンをギフトとして人に贈ることもできる。

また、「Dentacoin（デンタコイン）」は、歯科医療に関する世界的経済圏を構築しようという試みだ。患者と歯科医がスマートコントラクトを結び、患者が歯科医に毎月一定額のトークンを支払う。そうすることで、歯科医は定期収入が得られるので責任を持って治療するし、患者は定額で多様な治療や指導が受けられるという仕組みだ。

海外では、こうしたビジネスが、法的な整備を待たずに、次々と立ち上がっている。

日本でも、将来のブロックチェーン化を見越して、運用開始されたのではないかと、私が思っている大規模プロジェクトがある。そのひとつが、「JAPAN e-Portfolio（ジャパンeポートフォリオ）」というポータルサイトだ。このサイトは文部科学省による大学入学者選抜改革推進委託事業において運営され、その後、文科省の許可のもと一般社団法人教育情報管理機構が運営を行っている。

具体的には、体育祭や文化祭、修学旅行など、**高校生活で自分が何をして、どのような能力を発揮したのか、その活動内容をすべて記録**するというサイトである。

このような仕組みが生まれた背景には、現在進められている「高大接続」、高校と大学が一体になった教育改革がある。この改革では、知識や技能だけでなく、思考力や判断力、主体性を持って多様な人々と協働して学ぶ態度を「学力の3要素」と育成・評価することを重要視している。高校生活だけでなく、大学生活でも継続的にその要素を伸ばそうという考え方から、それをつなぐ**大学入学者選抜でも、学力の3要素を総合的に評価**しようとしている。

だから、最近の高校生は、「eポートフォリオ」に高校生活での活動内容を入力しなければならないわけだが、この入力データが改竄されることがあれば、改革の土台をゆるがすことになる。逆に、ブロックチェーン化により、信頼できる記録が残るとなれば、今後、どの学生が優秀かは――大学の受験といった一時的なテストで測るのではなく、eポートフォリオを見るだけでわかることになる。優秀な学生は、高校1年生からでも、ひょっとしたら将来的には、小学生からでもわかるようになるのだ。

すると将来の採用を見越して、**優秀な学生の学費は、企業が奨学金として支給する基盤も整えられる**ことになる。親の収入に影響されることなく、子供たちの才能を、継続的に育てる環境が整うのだ。

このように今、ブロックチェーン技術を適切に応用していけば、今までICT教育（情報通信技術を活用した教育）で遅れているといわれてきた日本も、再び世界をリードできるようになる夢が抱けるのではないだろうか。

ブロックチェーンによるビジネスモデルの変革が、いつ始まるのかは、誰も予想できない。技術的にも、法制的にも発展途上の状況だ。しかし、確実にいえるのは、ブロックチェーンは、今まで国が持っていた中央集権の仕組みの多くを分散できるために、インターネット革命を超える社会的変化をもたらす可能性があるということだ。

ポケモン世代のプログラマーたちから見ても、**ブロックチェーンは大好物**だ。**皆が共生する世界、ムダのない効率的な世界**を理想とする彼らにとって、金融、エネルギーなどが、一部の人たちに独占され、非効率なままでいる状況はしっくりこない。それを打破できるブロックチェーンは非常に魅力的な技術なのだ。今はまだニッチなサービスを実験的に展開している段階だが、法令や規制が整備された途端に、多くの企業が一斉に、ブロックチェーンを使った新サービスを繰り出し始めるに違いない。

The Marketing Journey Milestone 4

☑ ブロックチェーン技術革命を想定しているか？

第2章

エリア②【隙間】

圧倒的に勝利する、隙間《ニッチ》を探す決意

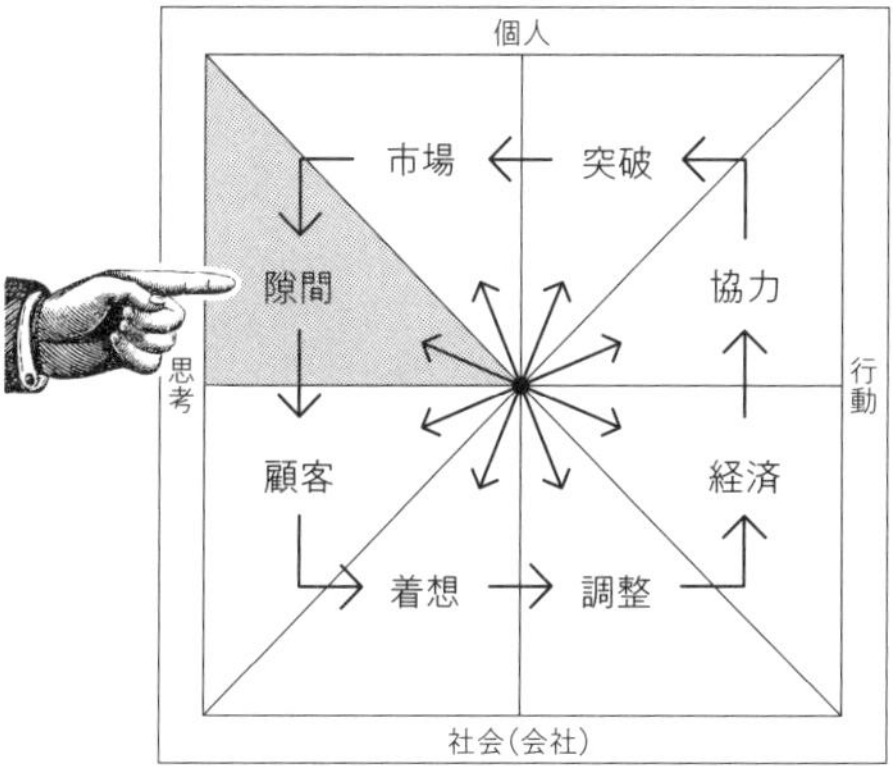

事実を知って、変化に立ち向かう

あるところに、小さなレストランがあった。今まで安定的に売り上げていたその店の「日常」が突如、崩れた。急に来店客が少なくなったのである。当初、店主は「一時的な季節変動だろう」「景気が悪くなったのか?」などと考えていたが、事実を知ってショックを受けた。近所に開業したライバル店の行列に、自店のお得意様が何人も並んでいたのだ。

店主は、絶望した。ライバル店の人気の理由は「糖質制限メニュー」の充実。ところが、内容を見ると、自分たちが以前から力を入れていた「自然健康メニュー」とほとんど変わらない。さらに、ライバル店は、資金力がある上場企業の新業態で、今後、急速に出店数を増やすという新聞報道すら出ている。これでは自分のような小さな店では、とても太刀打ちできない……。

このような絶望は、マーケティング・ジャーニーを知っていれば、希望に変わる。

なぜなら、新しい成長をもたらすビジネスモデルは、常に、「市場」の日常的な安定が崩れ、窮地に追い詰められたときから始まるからである。

経験あるマーケッターにとって、この問題はよくある典型的なパターン。

絶望する必要なんてなく、むしろこれをきっかけとして笑顔で、ライバル会社にはない「自社の強み」を探索し、ライバルに圧倒的に勝利できるような市場セグメントを探索し始めるのである。

「新しい売り方はないか？」「新しい訴求法はないか？」「差別化できるポイントはどこか？」――今までと異なるアプローチをとろうと「思考」を深めていくのだ。その結果、次第に、自社だからこその強みが生かせる市場の「隙間（ニッチ）」が見えてくる。

たとえば、先ほどのレストランであれば、自社サイトを分析したら、自然健康メニューの中でも「グルテンフリー」「食材の色と栄養」に関する記事へのアクセスが突出していた。その切り口を突破口に、ライバルを寄せ付けず、圧倒的に勝利する「隙間」市場を見出し、全国に向けてブランド化することに挑戦できるわけだ。

いつの間にかライバルが、自社の顧客を奪っている――そんな追い詰められた状況から、あなたの強みを発揮できる「隙間」の市場を探す挑戦が始まる。

どうすれば、その「隙間」分野で、価値あるビジネスを創造できるようになるのか？道筋をご案内しよう。

隙間エリア

マイルストーン

5

「売れないものを売る」ことで、人は伸びる

まったく売れなかったものが、突然、売れ出すようになる。なじみの顧客だけでなく、爆発的に周囲へと広がる――。

そんなムーブメントを何度となく起こしているのが、岩手県盛岡市を拠点とする「さわや書店」だ。驚くのは、この書店では、**ムーブメントを起こしている書店員が、ひとりではなく、代々、何人も生まれている**ことである。

のちに映画化までされた小説『天国の本屋』（新潮文庫）を発掘し、ヒットさせた元店長の伊藤清彦さん。

出版から20年ほどの時が経っていたが、今の情報社会にも通用する内容だった『思考の整理学』（ちくま文庫）を推し、200万部のベストセラーになるきっかけを作ったORIORI店店長の松本大介さん。

著者名やタイトルが見えないように、書店員の熱いメッセージを掲載した特製カバーで本を覆い隠す発想がウケて、30万部超、650書店が取り扱った「文庫X」を生んだ書店員・長江貴士さん……。

以上はほんの一例だ。

なぜ、さわや書店は、売れない作品をベストセラーにする店員が続々と生まれるのか。

POPの書き方？　売れる可能性を秘めた本の見分け方？　秘密はどちらでもない。

私が見出した答えは、書店員に、売れていない本の中からほれ込める本を見つけてもらうこと。そして、その本を自分の裁量で売ってもらっていることだ。

この経験をすると、どんな人でも、人が変わったように成長する。

今や書籍『書店員X』（中公新書ラクレ）を刊行し、講演やラジオ番組のホストを務めるまでになった長江さんも、この書店に入る前は10年ほどフリーターだった。

自分自身を投影する商品を懸命に売ることで、人は成長する

しかし、なぜ売れない商品を発掘して売る体験が、自らの成長につながるのか？

それは、日の目を見なかった商品に、自分自身を投影するからだ。**売れない商品とは、まだ周囲に良さが伝わっていない自分。社会に認められていない自分**なのである。

そんな「自分の分身」に対し、書店員は愛情を注ぎ、一生懸命売る方法を考える。まだ注目されていないけれども、いかに良いところがあるか、そのことを皆に知ってもらいたい、とアピールする。自分の分身なのだから、上司にとやかくいわれなくても、自主的に行動するし、熱も入る。

その努力が実を結び、飛ぶように売れて世間から大きく評価されれば、「自分自身が認められた」という成功体験を持て、「社会に認められていない」という呪縛から解き放たれる。自分自身が世の中に対して打ち出せるポイントがわかり、自信が持てるわけだ。

さらに、売れない商品を売ることで自信を持った書店員が、部下を育成する。さわや書店ではそうした好循環が伝統のように引き継がれているのである。

POS（販売時点情報管理）データに沿って売れ筋を売ることは、確かに大事なことだ。

しかし、それで、人は成長するのだろうか。

機械に指示を仰ぐようになると、人は作業することしか考えなくなる。そして会社とともに自分自身も成長したいという想いを手放すことになるだろう。

一方、POS上は売れていなくても、好きな商品を自由に売ってもらうチャンスが少しでもあれば——。その努力が世界に認められる喜びは、何よりもその人を成長させるはずだ。

もし、職場で「自分で好きな商品を売っていい」というチャンスがあったら、いかにも売れそうな商品ではなく、**工夫しないと売れないような商品をあえて選ぶ**といい。その商品を売ることは、あなたの一生を変えるほどのインパクトがあるからだ。

The Marketing Journey Milestone 5

大好きな、しかし売れていない商品を売ってみる

隙間エリア

マイルストーン

6

今までの常識を捨てれば、新しい富が生まれる

既存の商品・サービスだとしても、多少の変更によって、顧客と異なるニーズに訴求できるようになれば、新たなキャッシュポイントを作り上げることができる。そうしたニーズを見つけ出すための方法のひとつが、**これまで当たり前のように提供していたものを、あえてなくす**ことだ。

たとえば、あなたは、ベッドのないビジネスホテルを想像できるだろうか? しかも、そのホテルは、**地方都市にありながら92%の稼働率**を誇ると聞いたら?

従来のホテルを大きく超えたイノベーションを実現しているのが、埼玉県幸手《さって》市にある「ホテルグリーンコア」だ。このホテルはあらゆる面で常識破りだ。

通常、ビジネスホテルといえば、狭い部屋の多くをベッドが占拠し、部屋にひとりで帰って寝るだけの場所である。すぐに寝られるよう、布団ではなく、ベッドを置くことが

一般的だ。快眠のために高級なベッドを置いたり、数種類の枕を選べたりといったサービスはよく見られるが、どのホテルでもそれほど大きな違いはない。

92％の稼働率を誇るビジネスホテルは、ベッドがない

しかし、ホテルグリーンコアの個室は明確な違いがある。それは、「ベッドがない」こと。素足で過ごせるフローリングの床の真ん中に、掘りごたつ式の机があるだけだ。眠くなったら、机を片付けて掘りごたつの床を埋め、布団を敷くというスタイルにした。すぐ寝たい人にとっては面倒だが、この形状にしたことで、メリットも生まれた。12平方メートルの部屋を、宿泊者は自由に柔軟に使えることだ。机で仕事をしてもいいし、出張者同士が集まって鍋を囲んでもいい。そんな部屋を作り上げた。

この新しいコンセプトを可能にしたのは、**段ボール材でできた家具**だ。

グリーンコアの経営元は金子包装という段ボール材メーカー。本業を生かして開発した机を含む多くの設備が段ボール材なので、軽くて移動させやすい。だから、ベッドを置かなくてもいいわけだ。リサイクル率は80％を超え、環境にもいい。

思い切った部屋作りをした理由は、差別化の必要性を痛感したことだ。老朽化した建物をリニューアルしようとしたところ、ベッドもユニットバスも、近くの全国チェーンのビジネスホテルと同じ設備を提案された。

全国チェーンは自社よりも安い値段で設備を作っているはず。同じことをすれば価格競争になったとき、確実に負けてしまう。**全国チェーンと勝負するにはどうしたらよいか。**そこで行き着いたのが、ベッドのない部屋だった。

ビジネスホテルながら、昼間の主婦層を取り込むことに成功

「ベッドを置かない」という決断は、かなり思い切ったものだったが、フタをあけてみると、この決断は、予想以上に大きな効果を生み出した。「とりあえず寝られればいい」という単身のビジネスパーソン以外の顧客層を獲得することに成功したのだ。

たとえば、複数人で出張しているビジネスパーソンがよく宿泊するようになった。フラットな部屋にできるので、出張者同士が部屋に集まり、飲み会をするのだ。周辺の飲食店から仕出しを頼めるようにしたところ、宿泊者に利用されるようになり、周辺の店の収

益もアップした。

また、地域の住民が昼に利用するようになった。室内で子供を気兼ねなく遊ばせておけるので、昼間は地域のママ会などにも使われることが増えたのだ。

昼と夜の二毛作ができることで、高稼働率を達成できるようになった。

さらに、地域に開かれたことで、**地方創生の起爆剤**として期待されるようになった。国土交通省のプロジェクトで、茨城県坂東市の市有地を賃借し、ホテルを建てることが認められた。素晴らしい景勝地や史跡があっても、ホテルがなければ誰も来ないから、地域行政側は是が非でもホテルが欲しい。しかし、坂東市は鉄道が走っていないので、出店する事業者が見つからなかった。

それに対し、グリーンコアは、**地域住民の需要も取り込めるので、駅がなくても十分に経営が成り立つ**と判断した。

出張ビジネスパーソン同士の交流を促し、地域の雇用を増やし、住民にも開かれたホテルに。さらには、駅のない街の地域活性化拠点にまで――。

すべては、**「ベッドをなくす」という、ひとつのビジネスホテルの挑戦から始まった**のである。

過去から当然に、顧客のために提供してきたものをあえて捨てることで、新たなキャッシュポイントが姿を見せる。

あなたの事業から、捨て去るべき常識はないだろうか？

捨てた後の空白に、イノベーションの種は宿っている。

The Marketing Journey Milestone 6

☑ **覆すべき業界常識はないか？**

隙間エリア
マイルストーン
7

当たり前になった価値は、自分からは見えない

ビジネスモデルを変革しないと3年以内に廃業――世界中の企業がそんな危機感にさらされている。

米サイトコア社が世界12カ国の有力企業のマーケティング幹部1200人に調査したところ、60%の企業・団体が「市場環境の変化への適合にビジネスモデル変革のプレッシャーを受けている」と答えただけでなく、全体の3分の1が「3年以内に事業存続を脅かされる」と危惧していた。また経済産業省の調査によれば、**日本でも2025年には中小企業の3社に1社が廃業リスク**にさらされるという。2025年時点で経営者がリタイア期を迎える中小企業のうち、127万社が後継者未定の状態だからだ。

深刻な問題であり、私も10年以上前から講演会で出会う多くの企業に、新成長事業に取り組むよう働きかけてきた。しかし、本音を明かせば、経営者の加齢による「挑戦心」の

低下は食い止めがたく、もはや経営力の高い企業によるM&A（合併・買収）の加速しか解決策はないと思えるほどだ。

日本企業に足りないものとは何か？

「神田さんがそこまで悲観的になるのだから、もう日本企業はダメなんでしょうか？」

そう思った人もいるかもしれない。

だが、私がいいたいのは、むしろ逆である。

日本はまだまだ宝の山。足りないのは、起業家スピリッツ――挑戦心だけだ。

実は先ほどの廃業リスクにさらされている127万社には、黒字会社も少なくない。そして、その企業が**従来の成熟したビジネスモデルを「抜本的」に変革する必要があるかというと、そうではない。**

マーケッターの観点からいえば、成熟事業の大半は、商品やサービスはそのままでも、ほんの少し視点を変えるだけで再び成長し始めるのである。

先日、産業機器加工や製造受託の企業2社から、立て続けに相談を受けた。

両社とも「いつ仕事が減らされるか」という不安から設備投資にお金をかけられないし、技術者も高齢だから会社の未来が描けないという。

しかし、その現場を見ると、驚くほど未来に向けて対応していた。

たとえば、1社は、外国人技術者を積極的に雇用。言葉や習慣の違いを超えて、短期間で技術を習得し、派遣された大企業の製造現場でも高い評価を得ている。もう1社は部品製造や修理の緊急対応を常時行う。打ち合わせの時間を設けずとも、長年の経験による勘で、仕上がりはほれぼれするほどだ。つまり、各社それぞれ技術者の「人材育成」や「良さを引き出しながら、チームで働く組織作り」に優れている。

事業を続けてきたからこその「強い遺伝子」が、どの企業にもある。だが、空気のように当たり前になってしまっているから、その価値が自社では見えなくなっているのだ。

「自社の中にある、他社が喉から手が出るほど欲しいものとは？」。その価値を改めて言語化し、マーケティング・ジャーニーに沿って、成長に向けた未来図を描けば、再び成長の可能性が見えてくるはずだ。

あるいは、その価値を、挑戦心を持つ起業家とともに言語化し、マーケティング・ジャーニーに沿って、成長に向けた未来図を描けば、M&A後の相乗効果が明らかになり、M&Aはもっとスムーズに進められるはずだ。

特に、日本の製造業の現場は、ポテンシャルが高い。アジア各地の大学でAIを学んだ技術者の卵は、日本の製造業への就業を希望しているという。

なぜなら、あらゆるモノがネットにつながる**IoT時代には、製造現場でのデータが価値を生む**からだ。この分野において、日本はまだまだ先進的な経験を積める国である。

このように未来に向けた可能性を勘案したとき、成熟事業を手がけていた企業の多くは、想像以上の大きな価値を手にするはずだ。

The Marketing Journey Milestone 7

他社が喉から手が出るほど欲しいものを、自社の中に探す

隙間エリア
マイルストーン
8

ひとつに絞り込めば、デジタルと親和性が生まれる

今、多くの会社は、低い収益率に悩んでいる。

その理由は、「顧客思いの、真面目な、人の良い人」が、社長をやっているからである。

「何をいっているんですかっ。顧客重視の姿勢こそ、事業成長の源泉じゃないですかっ」と、怒られるかもしれない。

顧客思いの真面目な良い人が、儲からない理由

それは正論なのだが、多くの会社では「顧客が求めるから……」という理由で、商品ラインナップを拡充し、売れない商品やサービスで溢れかえっている。一人ひとりの顧客の要望に応えようと、足し算を繰り返してきた結果、会社は在庫の山。さらには、それをさ

ばくための仕事の山に埋もれているのではないだろうか。

引き算をしない限りは、新しい成長に向かって進むことはできない。

引き算をすることで成功した「鯖や」

思い切った引き算をして、一気に成長を取り戻した会社がある。

それが、〝サバの商社〟といわれる「鯖や」である。

鯖やは、もともと社長の右田孝宣《たかのぶ》さんが、神戸で開業した小さな海鮮居酒屋だ。たくさんのメニューを揃えて、お客様の要望に誠心誠意応えていたが、経営はうまくいっているとはいえなかった。

引き算の引き金を引いたのは、右田さんの奥様だった。

「あなたの作る料理で一番美味しいのは、サバ寿しよ。いっそのこと、サバ寿し一本で頑張ってみたら?」

右田さんは、サバ寿しだけではやっていけないと思いながらも、「そこまでいうなら、やってみてから考えよう」とサバ寿しの宅配を始めた。奥様が考案した、サバのイラストのレプリカを屋根に載せた宅配用バイク「サバイク」で、街を走り回った。

このようにシンプルに表現できるようになると、印象に残り、覚えられるので、口コミもされやすい。

その結果、すぐにマスコミにも取り上げられ、連日売り切れ状態になったのである。

手応えをつかんだ右田さんは、次に、徹底的にサバに絞り込んだ、サバ料理店「ＳＡＢＡＲ（サバー）」のオープンを企てた。

席数は38席、すなわち「38（サバ）」で、開店時間も午前11時38分から午後11時38分。メニュー数はもちろん38で、しかも「サバーガー」や「サバのトムヤムクン」「サバのユッケ」など、他にはない独自メニューを用意する。

この**ひとつに絞り込むというのが、デジタル時代にはぴったり合う。**情報が爆発する中で、大半の商品は埋もれてしまっているが、あるひとつのカテゴリーで評判になれば、**検索されたときに上位に表示**されるようになる。個店にもチャンスはある。

問題は、開店資金がないことだったが、鯖やは、ひとつに絞り込んだ結果、突破口を開くことができた。メディアで話題になったのをきっかけに、「クラウドファンディングで資金調達ができるのではないか」と考え、募集した。その結果、見事に約３８００万円を調達。２０１４年1月に1号店をオープンし、その１年後には、新店をオープンしたとしても利益が出るモデルを築けたのである。

現在では（２０２０年3月現在）、国内20店舗、そしてシンガポールにまで、店舗網を拡充している。

さらに、サバの養殖から出荷までを一貫して行う「クラウド漁業」を福井県の小浜市とスタート。再びクラウドファンディングを実施し、１億１３８０（いいさば）万円の資金を調達して、一気に新しいビジネスモデルを打ち立てた。

このように、複雑になったビジネスをシンプルに整理し、それとデジタルとを組み合わせると、再び成長を始められる。**デジタル時代は、大好きなもの、得意なものを突き詰めて考えられる人に、大きなチャンスを与える**のだ。

The Marketing Journey Milestone 8

☑ **あなたがすべてのエネルギーを注ぎ込める、ひとつの商品・サービスは？**

第3章

エリア③【顧客】

顧客の痛みを感じなければ、道は閉ざされる

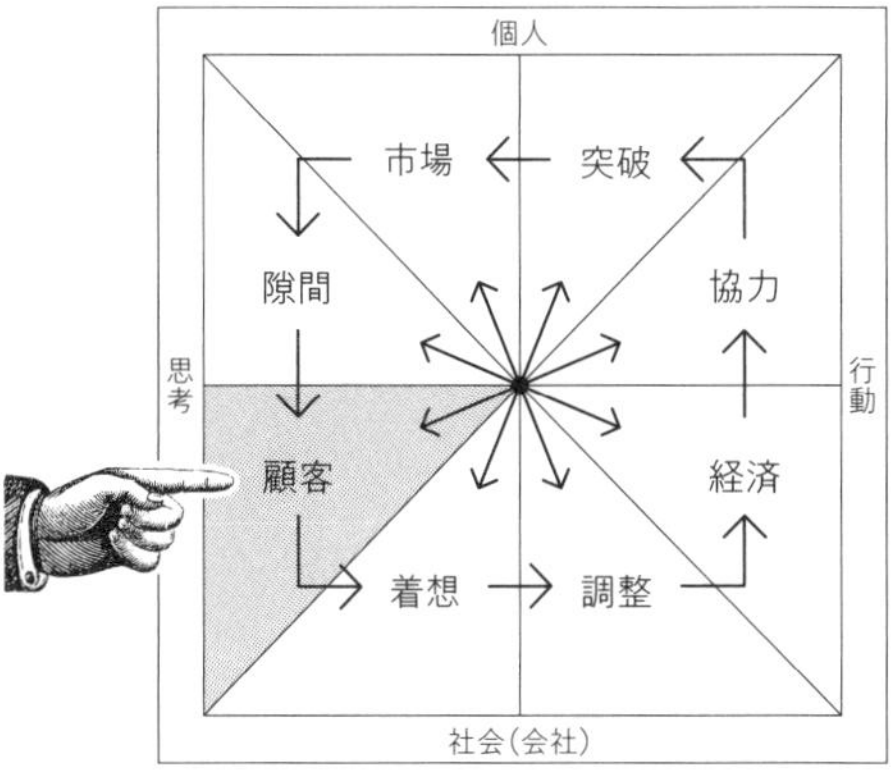

ここで走り出したら、必ず失敗する

「神田さん、見えましたよ。勝てる隙間（ニッチ）市場が、見つかりました！　新しいテクノロジーを導入するだけで、ありとあらゆる成熟市場が、成長を取り戻せるんですね！　私たちの会社も、これで次に進めますよ」。ニッチなビジネスのアイデアが見つかり、そう意気揚々な読者もいるだろうが、ちょっと待ってほしい。

ここで走り出すと、必ず失敗する。盛り上がるのは、最初のうちだけ。

その後、十中八九、迷路にはまり込んで、プロジェクトは頓挫する。

「でも、神田さん、もう資金を集めてしまいました……」。後日、こう相談されることもある。しかし、気の毒だが、「ダメなものはダメ」。なぜなら、完全に自分勝手で、ビジネスモデルを作り上げる際に顧客の声を聞いていないからだ。

アンケートで、「顧客の意見」を尋ねるくらいは、多くの会社がやっているかもしれない。でも、顧客の心の奥底にある本音を聞き出そうとする人は、ほとんどいない。

その結果いつになっても、自社が有するどの「商品」の、どんな「価値」を、どの「顧客」の、どんな「ニーズ」に提供すれば、取引が成立するのかわからない……。こうして、売上が立たないまま、時が過ぎていくことになる。

「商品価値」と「顧客ニーズ」をぴったりと合わせることは、「プロダクト・マーケット・マッチング」と呼ばれているが、これが、事業を立ち上げるときの肝なのだ。

では、「プロダクト・マーケット・マッチング」を行うためには、どうすればいいか？

それをスムーズに行うのが、「5＋5＋10のヒアリング原則」だ。

具体的には次のような順序で行う。

①まず親しい友人や同僚5人に、一切書類を用いずに、あなたが思いついたビジネスアイデアやイメージなどを話して、ざっくばらんに意見を聞く。これによって自らの思考を深めていく

②走り書きでいいので企画書を作り、「将来、このプロジェクトに協力してくれたらうれしい」と思う5人の親しい人に、意見を聞く。それを踏まえて、論理構成を固める

③将来この企画を応援してくれる顧客、すなわちアンバサダーになってもらいたい10人に、ほとんど完成した企画書を見せながら、話を聞く

要は、頭でっかちにならず、周囲の意見を聞いて徐々に修正していきながら、説得力の

あるプレゼンにしていくのだ。企画の完成度は、①の段階では1割、②の段階では4~5割、③の段階では8~9割というように、高めていくとよい。

「そんなこといったって、神田さん、聞く顧客がいないですよ」という人のために、もうひとつのヒントをお教えしよう。

本章の扉ページに掲載した平面チャートをもう一度、見てほしい。今は、「顧客」の声を聞くステージにいるわけだが、この経験をさらに充実したものにするには、対極にある要素が重要だ。そこで対極を眺めてみると……「協力」という文字が書かれているだろう。

これはどういう意味か。ひと言でいえば、協力者を募るということ。

この場合でいえば、「これから顧客に意見を聞きたいのだが、どなたか紹介してくれないだろうか」「どんな人に意見を聞いたらいいだろうか」と、社内の同僚や上司、他部署の人などに協力をお願いすることだ。

どんなに素晴らしい企画を考えたとしても、ほとんどの事業が頓挫するのは、協力者がいないためだ。だから、「顧客」のステージにいるときから、将来、必要になる人に相談し、強力な援軍になるように準備しておく。すると、将来、このプロジェクトが本格的に稼働するときに、チームメンバーに引き入れられるのである。

このように、このチャートは、事業を育てていくための「羅針盤」になっている。

対極を見ることによって、どんな準備をすればいいかがわかり、バランスを整えながら、事業を育てていけるというわけだ。

多くのビジネスパーソンは、こうした道筋を試行錯誤しながら、進む。しかし、すでにパターンはある。だから、パターンに沿って動いたほうが、ゆっくりと進んでいるように見えて、驚くほど早く確実に、目標地点に向かうことができる。

「羅針盤」を利用するに越したことはない。

最近では、多くのベンチャー企業や新規事業企画が、机上の空論と分析オンリーで、「確実に、マーケットニーズがある」と思い込み、資本金だけを使って終焉となる。

そのような自分本意・自分勝手に陥らないようにする処方箋が、この「5＋5＋10ヒアリングの原則」だ。

重要なことは、顧客の痛みを自分の痛みと感じる心を養うことだ。

その感覚を養うためにも、顧客についての理解を深く進めることによって、ブレイクスルーを遂げた事例を、紹介していこう。

顧客エリア

マイルストーン

9

インサイトが、爆発的な市場の拡大をもたらす

今、日本のほとんどの会社は、成熟業界にいる。そのため、どの会社も、「新しい商品・サービスを作らなければいけない」と社員を急き立てている状態だ。

しかし、私は、その前にやることがあると考えている。

それをすれば、**今までとまったく同じ成熟商品でも、新しい富を生み出せる**からだ。

新商品・サービスを開発する前にやるべきこと。

それは**「コマーシャルインサイト」**を見出すことだ。

コマーシャルインサイトとは何か？「メカ」という会社の例で説明しよう。

この会社は、飲食店向けの食用油のろ過機を製造販売しているメーカーだ。

メカのろ過機を使うと、油の鮮度が保たれるので、揚げ物の美味しさが引き立つ上、油

の交換頻度が減ってコスト削減も期待できる。「美味しさ」「コストダウン」という売りを武器に、メカはこの分野のリーディングカンパニーにのし上がった。しかし、開発から20年近く経ち、成長は鈍化していた。そのため、新しく就任した二代目社長が、ろ過機に代わる新規事業を開発しなければいけないと考えていた。

だが、実際には、飲食店向け食用油ろ過機の市場は、競合他社が次々と参入し、価格競争を繰り広げていた。見方を変えれば、まだまだ有望だということだ。

なぜ、成長が鈍化した成熟商品が、会社の可能性を広げたのか？

そこで、メカの開発チームは、さまざまな顧客や関係者に、食用油ろ過機についてヒアリングした。すると、あるキーワードに行き着いた。それは、「安全性」だ。

食用油に関して、飲食店が抱える一番の痛みは「油の交換」にあった。

通常、閉店後の深夜に行う油の交換作業は、油が冷めるのを待てないので、熱いうちに交換するケースが多い。しかし、業務で使う油の量は重さも相当なものだ。交換中にやけどをする事故も少なくなかった。

[図3-1]
株式会社メカの事例

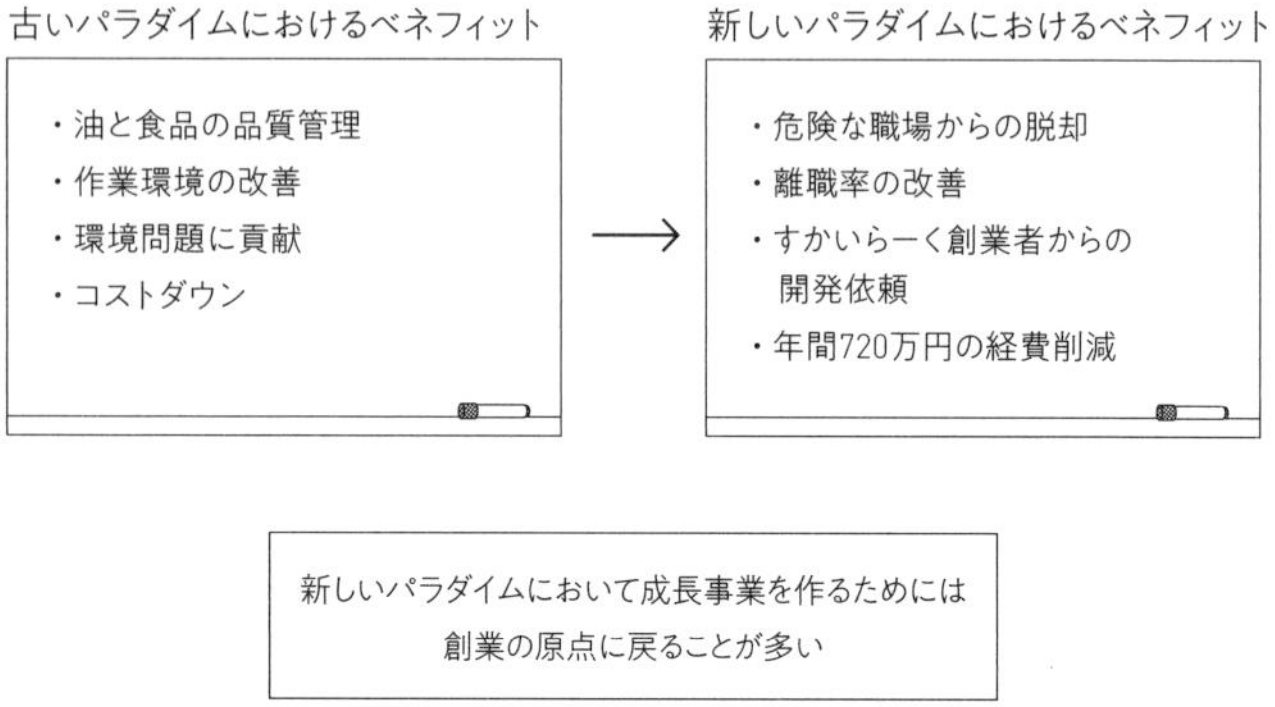

ある飲食店では、閉店後に、重く熱い油を終電までにバックヤードに運ばなければならなかった。それが嫌で辞めていくアルバイトのスタッフも少なくなかったという。

そうした「痛み」から従業員たちを救ったのが、メカのろ過機だった。これさえあれば、ボタンひとつでろ過できるので、従業員を危険にさらさずに済むし、深夜残業も減る。

こうした「安全な職場環境」を求めるニーズに気づいたことで、メカは、ろ過機の売り方を変えた。「美味しさ」「コストダウン」を前面に押し出すのではなく、**「安全性」を訴求**し始めたのである。すると、

[図3-2]
コマーシャルインサイト探索による市場の拡大

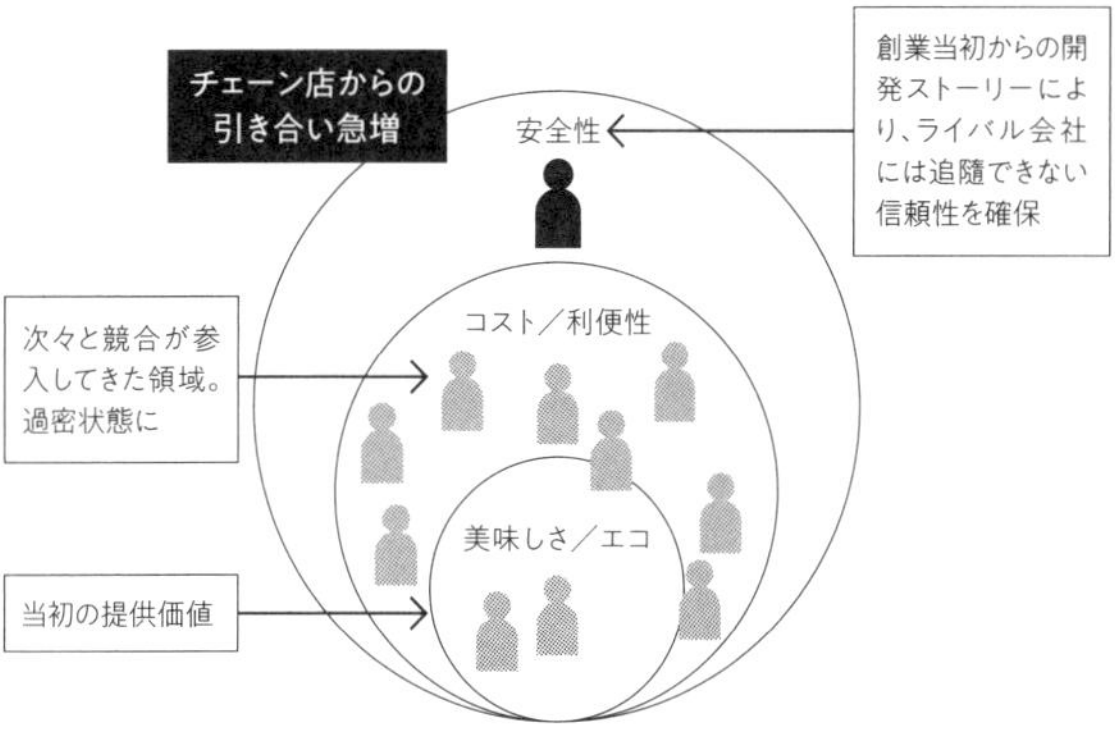

口コミで広がり、生産キャパシティが追いつかないほど売れるようになった。爆発的に市場を拡大することに成功したのだ。

　このように、**専門家である本人自身が「自分が間違っていた」と思わされるような気づきこそが、「コマーシャルインサイト」**である。

　コマーシャルインサイトを見出すと、**事業開発の可能性**は大きく広がっていく。

　メカは、「安全性」というコマーシャルインサイトを見出したところ、それを支えるリソースがあることを再認識した。それは、「歴史」だ。

　実は、メカが、飲食店向け食用油ろ過機を開発したきっかけは、すかいらーくのカリスマ創業者のひとりである横川竟《きわむ》氏に、「食や職場の安全性が保てるろ過機の開発」を依頼されたことである。

このような「歴史」によって育まれた時間は、たとえライバル会社がお金を出しても、買うことは不可能だ。

その伝統や信頼性をよりどころにすれば、**ライバルが追随できない、新たなマーケティング戦略**を築くことができる。

具体的には、メカは、単なるろ過機メーカーではなくなった。飲食店の安全性に関する事業なら何でもかかわれる可能性が広がったのだ。

専門家である自分たちも気づかなかった要点

なぜ今、コマーシャルインサイトが重要か?

それは、ズバリ、**会社を生まれ変わらせる上で、もっとも確実で、かつお金がかからない唯一の方法**だからだ。メカの例を見れば、そのことがよくわかる。開発資金は一銭もかかっていない。

[図3-3]

コンテンツの大量生産は悪影響

サプライヤーからのメールなどのコミュニケーションに対する顧客の反応

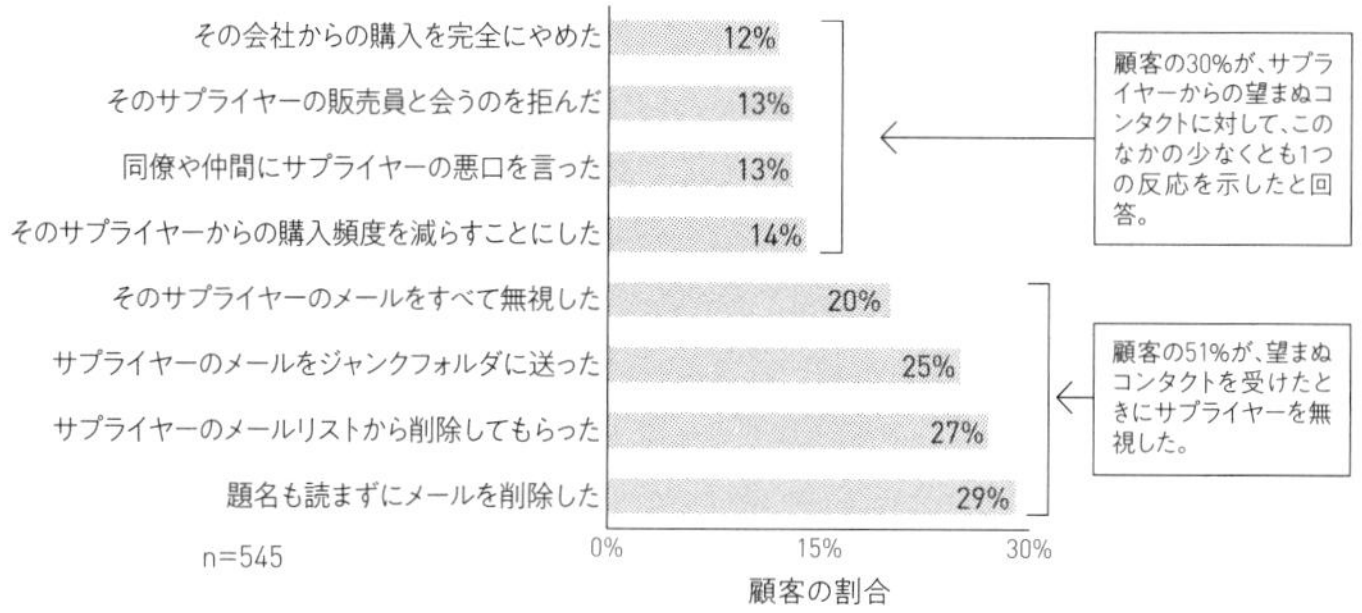

出典：『隠れたキーマンを探せ！』（マシュー・ディクソン他著、神田昌典監修／実業之日本社）

マーケティングというと、最近はデジタルを使って自動化することが重要視されている。SNSを始めとしたあらゆるメディアを使って、お客様が興味のあるコンテンツを大量に発信し、そのコンテンツを探しに来たお客様を自動でフォローする。そうしてお客様を逃さないことが重要な施策だと考えられている。

しかし、実際には、絨毯爆撃してもまったくのムダ。それどころかマイナスにすらなる。あまりにしつこく発信しすぎると、お客様は、懲罰的な行動をとるからだ。それを示したのが、図3―3である。

これは、私が監修した『隠れたキーマンを探せ！』（実業之日本社）に掲載されていたデータだが、メールを削除したり、ジャンクフォルダに送ったりするだけでなく、商品の購入をやめたり、悪口を言いふらしたりする人が10％以上もいた。**メッセージを発信すればするほど、商品やサービスが売れなくなる悪循環**に陥るのである。

だが、専門家である自分たちも気づかなかった部分――コマーシャルインサイトを発見すれば、お客様には大きなインパクトを与えられる。懲罰的な行為を受けることなく、商品の購入につながるというわけだ。

私は、**ほぼすべての会社が、コマーシャルインサイトを見出すことで再生可能**だと考えている。

では、コマーシャルインサイトを見出すためにはどうしたらよいか？

コマーシャルインサイトを見出すことは、マーケティング用語でいえば、「ポジショニング戦略の変更」である。

一般的には、専門家による膨大な調査と分析が必要とされるが、そんなことをしなくても、〝あるもの〟に目を向ければ、ヒントは得られる。

それは「顧客の痛み」。

日々寄せられる痛切なクレームだ。

非常につらい思いをしているお客様の声に誠実に向き合うことで、自分たちがとらわれてきた過去のパラダイムを壊すことができる。

今は時代の変わり目であり、すべての会社が顧客の痛みの声に耳を傾ける必要がある。

もし**聞こえていないのであれば、それは聞こえないのではなく、聞いていない**のである。

The Marketing Journey Milestone 9

☑ **クレームをきっかけに、顧客の痛みを感じる**

顧客エリア

マイルストーン

10

笑われるほどの事業アイデアが、新常識を作る

本当に困っていることは言葉にできないものだ。家族にも友人にもいえない。ところが、その困ったことをお客様から聞き出し、それを解決できるビジネスを思いついたら？　あなたはどうするだろうか。

実際、さまざまなお客様からクレーム・悩み・痛みを聞くと、ビジネスアイデアが見つかることはよくある話だ。

しかし、多くの人は、せっかく新しく生まれたアイデアを「うちの事業分野ではないから」と捨ててしまう。賢く経営戦略を実行するなら、選択と集中をするのが当然だからだ。

しかし、一度、その**「選択と集中が必要だ」という常識から外れて考えてみる**と、突然、自分自身が本当にやるべき、他の会社にはマネしようもないオリジナルの事業に出会うことがある。

100行以上の地銀と提携し、飛躍的な成長

松橋隆広さんが始めたのは、そんな事業だ。松橋さんは、山一證券の支店長を務めていたが、経営破綻によって部下の再就職を支援していたことをきっかけに、人材派遣業に転身した。宮城県仙台市を拠点に、人材紹介業、M&Aの仲介業を手がけるヒューレックスを立ち上げ、東北でビジネスを展開してきた。

しかし、あるきっかけで、言葉にできない顧客の痛みを知ったとき、専門外ではあるが、やむにやまれず、別会社で新規事業を立ち上げた。その結果、数年後には、全国の地方銀行100行以上と提携するほどの、グループ全体で取り組む画期的な事業となった。

それほどまでに旺盛な需要を掘り起こした事業とは、何だったのか?

それは、なんと「結婚紹介業」だ。

「なぜM&Aの仲介をしているような企業が、結婚紹介業を?」と不思議に思う人は多いだろう。松橋さんは、「結婚紹介業を始める」といったところ、地銀の頭取たちに笑われたそうだ。しかし、取り組み始めた理由を聞くと、最初は笑っていた人も、真剣に耳を傾

けるようになった。

松橋さんが結婚紹介業の必要性に気づいたのは、中小企業の経営者の懐に入って、痛みを聞いていたからだ。胸のうちを深掘りしていくと、会社の成長とは異なる、別の悩みを抱えていることが多かった。

それは**「後継者である子供の結婚相手がいない」**ことだ。

そのため、社員も自社の将来に対して不安を持っている。銀行の融資担当も、会社の将来性に対して疑問を持つ。実は、オーナー系の会社が事業承継をするためには、後継者の配偶者探しがきわめて重要だ。特に東北の被災地においては深刻な問題だった。経営者の痛みを聞くことで、松橋さんはそのことに気づかされたのである。

松橋さんは、ザ・経営者といってもいいほどの戦略家。行き当たりばったりで、事業化する人ではない。経営だけを考えれば、成長著しい人材紹介サービスに絞り込むほうが賢明なことは、もちろんわかりきっていた。

しかし、彼は、「被災した東北を何としても元気にする」という、どうしても実現しなければならない使命があった。**経営者が抱える痛みに、耳をふさぐことはなかった。**

そこで2013年、異業種である結婚相談サービスに挑戦し、マリッジパートナーズを設立したのである。

すると、松橋さんの意図を理解した地方銀行との業務提携が次から次へと加速した。今では東北のみならず、全国の地銀と提携し、サービスを広げている。

先に述べたように、経産省の調査によれば、２０２５年の時点でリタイア期を迎える中小企業のうち、１２７万社が後継者未定だという。実に3社に1社が廃業のリスクにさらされている。後継者がいないというのは、日本経済の存亡にかかわる深刻な問題だ。

そうした中、松橋さんが成し遂げようとしているのは、東北から始まる、日本全国の中小企業の再生、事業承継への挑戦である。

『論語』に「義を見てせざるは勇無きなり」という言葉がある。「人として当然すべきことと知りながら実行しないのは、勇気がないからだ」という意味だ。松橋さんは、その言葉を、ビジネスの世界で体現している。

The Marketing Journey Milestone 10

☑ 顧客の痛みを解消するために、取り組むべき意外な分野が必ずある

顧客エリア

マイルストーン

11

強い「ひとつ」に絞り込むと、グローバルに広がる

顧客に向き合うことで着想が生まれるのは確かだが、ただ単に、顧客の要望を聞けばいいということではない。

顧客の要請に応えることを意識するあまり、戦略的ではなく無意識に商品ラインナップを増やしてしまい、収益性が下がっている。日本には、このような会社が実に多い。

それを解消するためには——。

お客様が持つ痛みとは何か？

なかでも、他社にはマネできない、自社だけが持つ独自の力でしか解消できないことはないか？

それを、徹底的に顧客に向き合って考え、絞り出すことだ。

結果、ひとつでも強みが浮かび上がってくれば、それは、今までのすべての商品を上回

るほどのインパクトを持つ。

　そして、それは**日本だけにとどまることなく、世界から求められる**ようになる。

顧客の痛みから生まれた唯一の商品「ノンミルクのジェラート」

　数多く取り扱っていた商品の中から、ひとつに絞り込んだことで、世界的にその名を轟《とどろ》かせるようになった人がいる。プレマ株式会社の中川信男さんだ。

　中川さんは、自然食品業界で20年近くの実績を積んできた。顧客の声に耳を傾けて、日本の食材を駆使して乳製品などを用いないアレルゲンフリーの食品を数多く開発し、アレルギーを持つ人やビーガン（完全菜食主義者）の人に支持されてきた。

　ただ、プレマにしかできない、わかりやすく、会社の柱となる商品にはなかなか出会えていなかった。

　そこで、顧客と向き合い、改めて顧客の痛みに耳を傾けた。

　その結果、決意したのが、**乳製品を一切使わないノンミルクのジェラート**の開発に挑むことだ。

中川さんは、牛乳などのアレルギーを持つお子さんが「美味しいデザートを食べたくても食べられない」ことを、顧客から何度となく聞いていた。

その願いに応えるために、乳製品を使うのが伝統であるジェラートで、あえて乳製品を排除することに挑んだのである。

具体的には、牛乳や生クリームなどの動物性素材、合成フレーバー、食品添加物を一切使わないようにした。

もちろん、乳製品を使わずに、濃厚なジェラートを作るのは、多様な製品を開発してきた中川さんといえども、容易なことではない。開発は困難を極めたが、中川さんは諦めなかった。

その努力は実を結ぶ。トライアル開始から10カ月後の2018年1月、イタリア・リミニで開催された世界最大、最難関の国際ジェラートコンテストの2部門で受賞を果たしたのである。日本のジェラート職人が個人でエントリーし、ふたつのトロフィーを一度に獲得したのは、これまでに例がないという。

不可能を可能にしたことで、中川さんは、**「アレルギーを持つ人やビーガンの人でも食べられるジェラートの第一人者」**という称号を手にした。

そのことが追い風となり、ジェラート作りを始めた直後に開店した「プレマルシェ・ジェラテリア」は大成功。２０１９年時点で、京都に2店舗を構えるほか、東京の中目黒にも進出。アレルギーを持つ人だけでなく、単純にジェラートを楽しみたい人からも支持され、多くのリピーターを獲得している。

さらに、次から次へと出店要請が来ていて、国内のみならず、グローバル展開も視界に入ってきている。

このように、中川さんは痛みに耳を傾けるだけでなく、その**痛みを解消すべく、一点に全力を注ぎ込むことで、看板商品を作り上げた。**

今は、たくさんの商品を持っているよりも、本当に顔になるひとつの商品があるかどうかが非常に重要だ。マーケティングにおいて、「検索エンジンやSNSで検索されるかどうか」は無視できない要素だが、**際立つものがないと、検索もされない。**自社の強みをシンプルにわかりやすく表現できるような商品があるかどうかが、企業の命運を分ける。

本当に顔となる商品があると、新しいステージにシフトできる。その商品を核として、商品ラインナップは再編成される。

プレマの場合は、グルテンフリーとノンミルク、そして添加物を使わないというカテゴリーで商品を作れるわけだ。すると、会社は、一気にグローバル市場という大きな扉を開けるのである。

すべてを捨てたとしても、顧客のために残したいひとつの商品とは何か？　それを考えることで、あなたは、次のステージに向かうことができる。

そして、これほどのポテンシャルを持つからこそ、優秀な経営者は、壁にぶつかるたびに、顧客の痛みに真摯に向き合うのである。

The Marketing Journey Milestone 11

すべてを捨てたとしても、顧客のために残したいひとつの商品は？

顧客エリア
マイルストーン
12

永遠の不便も「アナログ×デジタル」で解消できる

「顧客は、あんなことに困っていないか？」「顧客は、こんなことに悩んでいないか？」と、真摯に耳を傾けることで、新しい市場が創造できることが、ここまででおわかりいただけたと思う。

しかし、ここに矛盾が生じる。

あなたが、**顧客と真摯に向き合い、目の前の仕事に精を出していればいるほど、顧客のことが見えなくなる**のだ。

なぜなら、顧客は、不便なことがあっても、それが日常になっていると、もはや、その不便さを感じなくなり、口に出すことがなくなってしまうからだ。だから、どんなに耳を傾けようとも、顧客が潜在的に抱えている真の問題を聞き出すことはできない。

そうした見えない・聞こえない状態に風穴をあけるのが、デジタル技術である。

アナログな商品にデジタル技術を組み合わせて商品を作ると、その商品によって、隠れていた不便さが浮き彫りになることがある。あとから「大変に不便だった」と気づくことの大半は、デジタルとアナログを組み合わせることで、解消できると思って間違いない。

昔からあった商品が、デジタルベンチャーとの出会いで、労働力不足解決の秘策に

「OKIPPA（オキッパ）」は、その典型的な例だ。

OKIPPAとは、もともと、「シュパット」という商品名のエコバッグだ。くるくるくるっと畳むと、きゅっとコンパクトになるというヒット商品である。

シュパットを開発したのは、創業140年の老舗企業であるマーナだ。同社は、シュパットの他、魚の尾の部分を使いグラスの底の隅々まで洗える「おさかなスポンジ」や、ブタの顔をしていて鼻の部分から蒸気を逃がせる「ブタの落としぶた」など、さまざまなヒット商品を生み出している会社だ。

ただ、マーナでは、シュパットをあくまでエコバッグとしか考えていなかった。

それを、「OKIPPA」というまったく別の用途の商品として売り出すことを考えた

のが、2017年に創業したベンチャー企業のＹｐｅｒ（イーパー）だ。

Ｙｐｅｒのアイデアとは、**シュパットを、宅配便の再配達問題を解消するために、進化させる**ことだ。

再配達問題は、一説には年間2600億円もの労働力のムダ遣いになるといわれている。単なる留守ではなく「何かの勧誘かもしれないから無視しよう」「ノーメイクだから、今は出たくない」などの理由で宅配便を受け取らない人もいて、宅配業者から見たらムダな再配達も少なくないが、受け取るほうもそれをやめようという気はない。

その問題を、エコバッグで解消することを思いついたのである。

具体的には、ＯＫＩＰＰＡを、取っ手のところにかけておく。使っていないときはドアノブにかけられるほどコンパクトにまとまるが、使うときには、開くと13キログラムまでの荷物を入れられる。施錠することも可能だ。

不在の際は宅配スタッフがバッグを開き、荷物を入れて施錠すれば、持ち帰らずに済むというわけだ。

これだけでも十分機能的だが、商品の配送状況を把握できるほか、現在ではバッグと連動するアプリも開発され、荷物が配送されると通知を受け取ることもできる。

このような商品を、クラウドファンディングで資金を調達して開発することを、Ｙｐｅｒが提案。施錠だけでは心配というユーザーのために、東京海上日動火災保険と共同でバッグ専用の盗難保険「置き配保険」も開発した。

アナログな会社とデジタルのベンチャーの両社がコラボし、さらに保険会社を巻き込むことで、画期的な解決策が生まれたのである。

アナログとデジタル、老舗企業とベンチャー企業のコラボは、日本企業が画期的なイノベーションを生み出すためのひとつの方程式なのかもしれない。

The Marketing Journey Milestone 12

☑ 提携できる異分野の企業を、顧客のために探せ！

第4章

エリア4【着想】

再現性ある着想力をマスターする

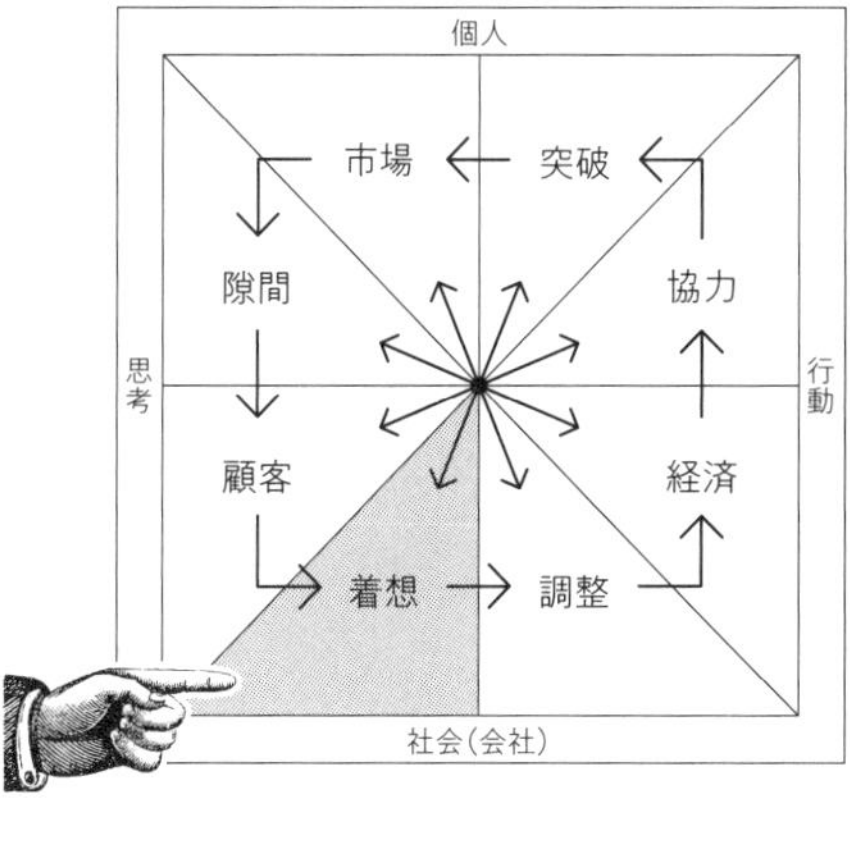

どん底……。イノベーションはそこから生まれる

いよいよ重要な局面に迫ってきた。

背筋がゾクゾクするほどのアイデアが、降りてくるタイミングだ。

本章の扉ページを見ていただきたい。いまは底辺の「着想」にいる。底辺に近づくにつれて、思考が深まってくる。

前章では、「顧客」の痛みを、素通りすることなく考えた。顧客の状況について心を寄せれば寄せるほど、それは自分の状況を振り返るきっかけになるはずだ。

なぜなら、私たちは、自分の経験や知識の中から、何か顧客に役立つものを引き出さなければならないからである。

こうして人生の振り返りを続けていくと、「いったい、自分は何のために生きるのか？」という根源的な問いに入っていく。

これは、海の底に潜っていくような感覚だ。

そして、必ず壁にぶつかる。自分には、何もできることはない、と、今までの自信が、粉々に打ち砕かれるのだ。

このようなどん底――実はそこが、創造の泉だ。

そうした暗い闇の中でも、希望を持ち続けると、ふとしたことをきっかけに、鳥肌もののアイデアが突然、生まれる。

それは言葉では説明できない、世界とつながってしまったような感覚。

大きな未来が突然、クリアに見えてしまった感覚で、ＭＩＴのオットー・シャーマー教授は「プレゼンシング」と名付けている。

これが、イノベーションを生み出すまでのお決まりのパターンで、例外はない。

このパターンを知らないと、壁にぶつかった途端に、「もうダメだ……」とそこでゲーム終了。自分には才能がないと思い込んでしまう。

そうではない。イノベーションは、ここから生まれるのだ。

[図4-1]
Uプロセスとプレゼンシング

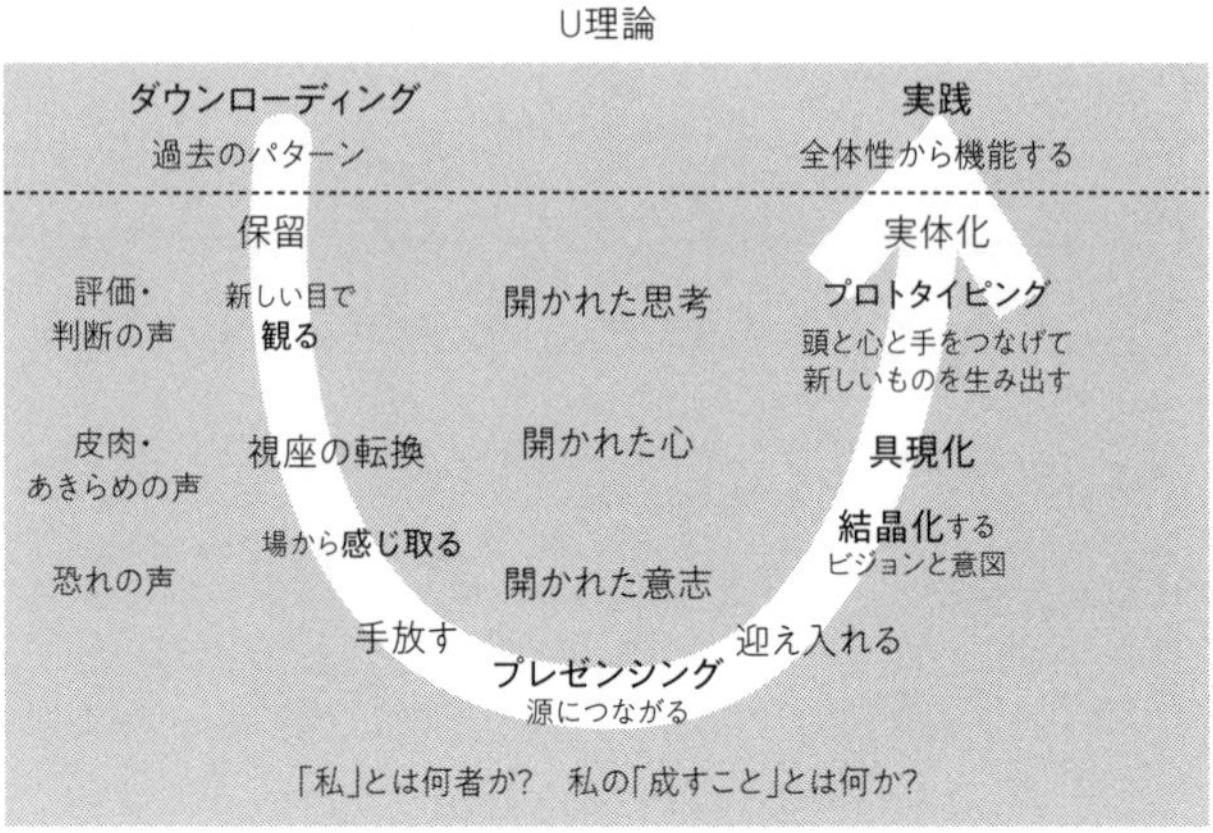

1. Uを下る…自分の境界線から外側の世界とつながる
2. Uの谷……自分の内側から現れる世界（源）とつながる
3. Uを上る…新たなものを世界にもたらす

出典：PICJサイトをもとに作成（http://www.presencingcomjapan.org/utheory/）

再度、扉ページに立ち返り、マーケティング・ジャーニーのチャートの底辺を見てほしい。「社会」と書かれている。

そう、自分のことを考えていた「個人」が、顧客に奉仕することを通じて、「社会」と出会うまでの道筋だ。

つまり、社会に役立てる、自分の才能を見つけること——。これがライフ・ワークとの出会いになる。

「夢中になることが見つからない」という人は、このサイクルを一度も経験していないだけに過ぎない。経験することができれば、ライフ・ワークは必ず見つかるはずだ。

この深い海の底から現実に浮かび上がってくるまでは、決して楽ではない。どれだけ考えても、顧客に役立つもののアイデアが浮かばないことはよくある。

特に、いつも締め切りに追われているビジネスパーソンであれば、プレッシャーで、夜も眠れないだろう。

そこで、この章では、着想力ある人になるための、したたかな方法をお教えする。

実は、デジタル技術をうまく使うと、現実的には見えない情報が、データという形で見えるようになってくる。それが斬新な着想につながる。

また特別なトレーニングを受けなくても、周囲を唸らせるようなアイデアをぽんぽんと生み出せる、究極のツールもある。

0から1を生み出せる人に共通する着想法をご紹介しよう。

着想エリア

マイルストーン

13

デジタルツール活用の、意外なアイデア創出効果

新成長事業を生み出すもっとも手っ取り早い方法は、**「新しいツールを次々と使うこと」**である。しかし、現実はどうだろうか。

たとえば、スマートフォン（スマホ）の次に流行するといわれたスマートスピーカー。音声認識の精度がよくなり、2017年頃からアマゾン（アマゾンエコー）、グーグル（グーグルホーム）、LINE（LINEクローバ）などが一斉に市場に投入したが、日本での反応は、今ひとつ。スマートスピーカーを持っているかと講演会で尋ねると、情報感度が高い経営者層の間でも、手が挙がるのは2％弱だった。

スマートウオッチはどうか？　アップルウオッチの出荷台数がスイスの高級時計を上回ったという報道もあったが、こちらの保有率も、講演会参加者の2％弱しかなかった。

あくまで私の講演会での話であり、他の経営者が集まる場で尋ねたら、結果は違うかも

しれないが、現状を見る限り、**スマートテクノロジーの商品は、まだまだリーダー層に売れているとは言い難い。**

その大きな理由のひとつは、今、購入しなければならない積極的な理由が見出せないからだろう。

精度があがったといっても、認識ミスをしないように機械に気遣いながら話さなければならない。スマートウオッチも、これといって役立つ機能が見当たらず、万歩計と化している人も多い。音声認識技術は大半の企業にとって、まだビジネスにならないことも関心が低い理由だろう。

もちろん、市場ポテンシャルは大きい。高齢化で独居世帯が増えている今、スマートスピーカーが24時間つながれば、緊急事態に対応しやすくなる。地域のコンビニエンスストアや介護・福祉事業者やＮＰＯが活用し始めれば、非常に大きな価値を地域社会に生み出せるはずだ。

ただ、導入には、それなりの初期投資が必要となる。私の会社でスマートスピーカーを使った音声配信・検索サービスを手がけようとしたところ、開発会社からの見積額は１０００万円を下らなかった。普及状況を考えると、とても単独では採算が合わない。

だからスマートスピーカーやスマートウオッチの技術に、経営者は振り回される必要はない。そう結論づけたくなるが……。

頭の中の古い配線をつなぎ直すために、やるべきこと

しかし、それでも私は、スマート商品を持つべきだと考える。

なかでも、**特に意外な効果をもたらすのが、事業承継を考えている60代の経営者だ。**

最近、30代のご子息が戻ってきて後を継いでくれたという地方の優良企業の経営者ふたりと会った。ひとりはホテル業、もうひとりは飲食チェーンを手がける。ともに還暦を迎えている。

実は、彼らが共通して身につけていたものがある。それはアップルウオッチだ。これは、単なる偶然ではない、と私は考えている。

中小企業が廃業する理由の多くは「後継者不在」だが、本当に人がいないのではない。後継者が見つからないのは、先代経営者が新たな考えや変革を嫌うからだ。硬直化した組織をこじ開ける労力をかけるなら、能力ある若手リーダーは、家業を継ぐよりも、一から

自分の会社を作り、新事業を立ち上げたほうがいい。

一方、スマートウオッチを身につけていた経営者は、還暦を超えても新しいものを取り入れることに抵抗がない。だから有能な若手が集まり、継承しようという気になるわけだ。

リーダーが、未来のテクノロジーに好奇心を持たなくなった組織は、急速に衰える。

マインドの高齢化を防ぎたいなら、スマートテクノロジーをひとつ取り入れることだ。

意識の変革は、身につけるものを変えることから始まるのである。

経営者が率先してツールを使えば、ツールの可能性に気づき、自社の新たなる可能性を見出せる。私自身も、使い慣れたiPhoneやMacBookから、Google PixelやChromebookを試すなど、新しいデジタルツールは意識して使っている。頭の中の古い配線をつなぎ直すには、指を動かしてツールを使うことが、もっとも簡単で唯一の方法だと実感している。

The Marketing Journey Milestone 13

あなたの業界の最新テクノロジーを、無理してでも導入する

着想エリア

マイルストーン

14

目の前の現実を見ていても、もはや現実は見えない

グーグルアナリティクスという名前を、あなたも一度は聞いたことがあるだろう。

ひと言でいえば、ウェブ解析をするときの標準ツール。デジタルマーケティングの超基礎だ。

デジタルネイティブ世代が、得意のツールを武器に、成熟事業に目を向けたとき、今までその事業の担い手たちに見えなかった情報が、いとも簡単に見えるようになる。

それまで姿を現さなかった顧客が見えるようになり、その顧客が、自社を見つけた道筋が見えるようになり、さらに顧客が探している商品が見えるようになる。

たいていの経営者や経営幹部はグーグルアナリティクスを知ってはいるのだが、自分でログインすることはない。そのために、頭の中の顧客像は、アナログ時代のままで、セピ

ア色の画像。つまり……もはや実像と異なってしまっているのだ。

こうした人たちがアナリティクスを使うと、目から鱗がぼろぼろと落ちる。

またデジタルネイティブ世代が、アナリティクスを使うと、自分たちと同じ世代に、どうすれば自社商品を知ってもらえるのか、ヒントを探すことができる。


アナリティクスを使うことによって、わかる情報をざっと見てみると、

- １日のアクセス数はどのぐらいか？
- アクセスしてきたユーザーの年齢層や居住地は？
- どのページにどれぐらいの数の人が訪れているのか？
- どれぐらいの時間、見ているのか？
- サイトの中をどのように回遊している人が多いのか（このページを見たら、次はどのページに飛ぶ人が多いのか）？
- 他のページを見ることなく、そのままサイトから退出する人はどれぐらいいるのか？

このように無料とは思えないほど、多くの指標を見ることができる。

さらに、自分のサイトがどのように検索されているかがわかる「サーチコンソール」や、グーグル検索をしようとすると頻繁に検索されるキーワードが先回りして表示される「検索サジェスト」などの機能も組み合わせると、より一層、多様なデータが手に入る。

これまでリアルな現実では、売り手に顔を見せない買い手の動きが、アナリティクスなどによるデジタル情報で、浮かび上がってくる。

そして、**データの裏にある人の営みを想像することで、そのお客様に応えるために、何をしなくてはならないかの重要なヒントを自在に得られる**ようになるのである。

アナリティクスが、忘れていた「星空」の魅力を教えてくれた

その事例のひとつが、長野県の菅平にある「ぷれじ～る」というペンションである。田隝《たじま》加代子さんが経営するこのペンションは、楽天トラベルで4・6点以上の高評価が18年続いている超優良ペンションだ。特に、焼きたての「ハイジのパン」は大変人気で、料理の評価だけをとってみるとほぼ満点に近い。

常連客が口コミで広げて、新たな常連客が生まれる好循環だったため、デジタルマーケティングは放ったらかしの状態だった。「しかし、これからの時代は必要」と考え、グーグルアナリティクスにアクセスした途端、田鴎さんはショックを受けた。ホームページは放ったらかし状態だったにもかかわらず、多くの人たちがアクセスしてくれていた上、その人たちに対して適切な情報をまったく発信できていなかったとわかったからだ。

それまで、田鴎さんは、自分たちのペンションの魅力を、「料理の美味しさ」と「ワンちゃんが泊まれるコテージがあり、一緒に泊まれる」ことだと考えていた。

ところが、グーグルアナリティクスやサーチコンソールなどを見ると、**多くの人が検索していながら、見落としていたキーワード**に気づいた。

それは……「星空」だ。

ぷれじ〜るの宿泊所の前には１２００坪の敷地が広がり、そこでワンちゃんが走り回ることが売りだったのだが、何も、その敷地はワンちゃんのためだけに使うことはない。ワンちゃんを連れてきていない宿泊客への提案を、もっとできることに気づいたのである。

そこで、星空を見ながら火おこしをする体験や、焚き火をしながらの野外ディナーを試しに始めてみたところ、大好評。

オーナーはもともと音楽大学の出身で、芸術をこよなく愛する。そこで、星空のもとでのプチコンサートも企画するなど、自分たちにしかできない企画に取り組み始めた。

こうした星空のもとでの特別な体験は、都市部の人間にとってはロマンチックで、強くひかれる魅力だ。ところが、そこで暮らしている人たちは、あまりにも当たり前のように思えて、その価値に気づいていなかったのである。

このように、グーグルアナリティクスなどのツールを活用すれば、すでにお客様が探しに来てくれているのに、気づいていない自分の良さを自覚でき、新しい事業のアイデアを見つけ出すことができる。グーグルアナリティクスは、無機的な数値が並ぶ、機械的なツールのように思えるが、実は**自分たちですら気づいていない、自分たちの魅力を教えてくれる、人間的なツール**なのである。

The Marketing Journey Milestone 14

☑ **アナリティクスで、目の前にいない顧客の動きを見ているか？**

着想エリア

マイルストーン
15

尊敬できる人物の視点を使い、大きな未来から逆算する

自分は、着想力がない――もしそう思うなら、それは間違いだ。**着想力がないのではなく、正しくは、着想する方法を知らないだけ**だ。

振り返ってみてほしいが、小学校から社会人にいたるまで、作文が宿題にされたり、企画を課題とされたりすることはあるが、作文のテーマや、企画コンセプトの決め方については、教えられたことがない。

そこで、シンプルに創造的に問題を解決するアイデアを思いつく方法を、ふたつ伝授することにしよう。

本章の冒頭で、創造的なアイデアを着想する究極のツールがあると話した。ちょっと大げさに聞こえるだろうが、それは本当だ。

私は、このツールを日常的に使うと、ものの3時間もあれば、新しい事業モデルを創造することができる。

それが、**「フューチャーマッピング」**だ。

私自身は、MBAでビジネスを学んできたこともあり、かなりロジカルに、細かく論理構成をするタイプだ。しかし、ロジカルな提案の前に、アイデアを拡散する段階では今までの概念・パラダイムにとらわれない仮説を導き出す必要がある。

アイデアを見つけるという場合、一般的には3つの方法がある。

ひとつは、「組み合わせを試す」。小さいものと大きいもの、長いものと短いもの、大きなアイデアと小さなアイデアなど、異質なものを組み合わせることによってアイデアを見つけ出す方法だ。これは1920年代からある方法で、アメリカ広告業界の重鎮であるジェームス・ヤングが著した『アイデアのつくり方』（CCCメディアハウス）にも書かれている。

ふたつ目は、「とにかく負荷をかける」。アイデア千本ノックや、「ネーミングを1万パターン考える」というように、思考に重りをかける方法だ。あるクリエイティブディレクターは、血反吐が出るまで考え、考え、考えつくす、といっている。

３つ目は、「複数人数が集まって、ダイアログを繰り返す」。たとえば、ワークショップ形式で、キーワードを書いた付箋紙を貼り合って、考えていくという方法だ。


しかし、これらのアイデア着想法で、斬新なアイデアが出てくることはほとんどない。なぜか？　それは、ここで挙げた着想法は、いずれも、日常という連続性の中でアイデアを生み出そうとしているからだ。


連続性の中で考えていたら、現在のパラダイムは超えられない。ひらめきのような、非連続なアイデアは、非連続の思考プロセスをたどらない限り、生み出せないのである。

しかし、仕事の現場で、非連続の思考プロセスを使うことはほとんどない。

そこで、私が開発した創造的問題解決メソッドが、「フューチャーマッピング」だ。

誰でも非連続なアイデアが生み出せる「フューチャーマッピング」

フューチャーマッピングは、「バックキャスト法」がベースになっている。連続の延長

［図4-2］
アイデアを得る2つの方法

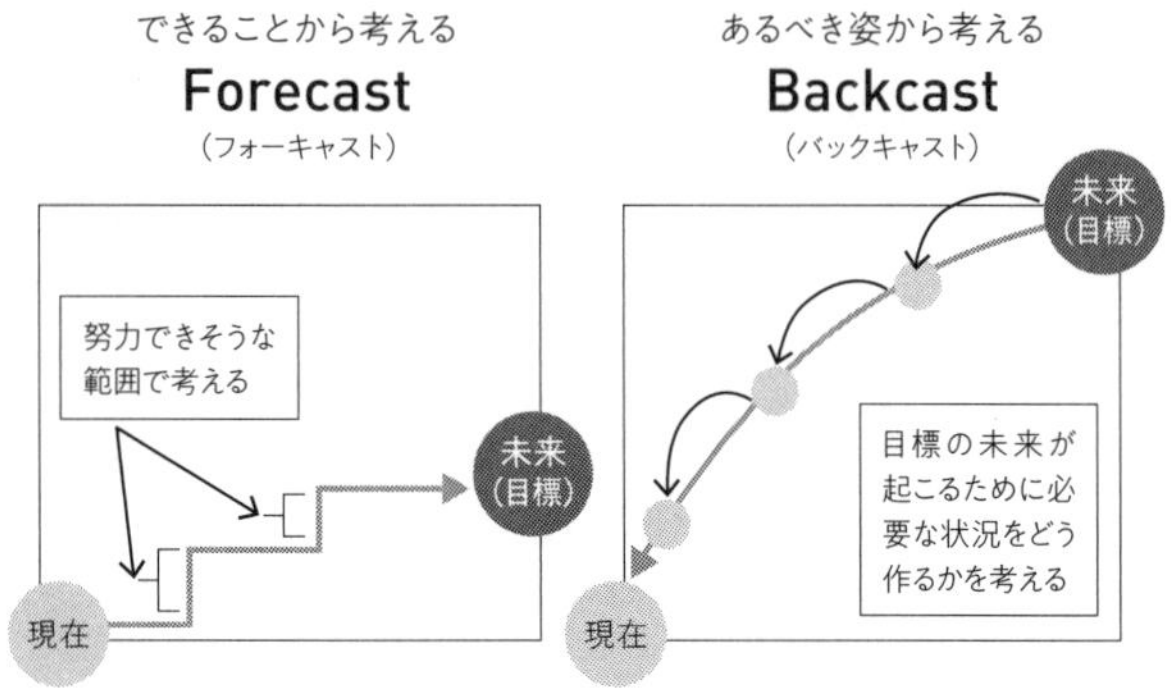

線上で考えるのではなく、**現在をすべて忘れて、未来のあるべき姿から考えることで、現状のパラダイムではとらえきれないアイデアが生まれる**のである（図4―2）。

具体的には、図4―3のようなチャートを描く。

一体、どうやってアイデアを生み出すのか、この図をサンプルにざっとご説明しよう（詳しく知りたい方は、拙著『ストーリー思考』「ダイヤモンド社」を参考にしてほしい）。

はじめに、今、自分が達成したい目標や解決したい課題を左上に書く。ここでは、「今四半期で売上3000万円をあげたい」というベンチャー企業の経営者を想定した。

[図4-3]
創造的課題解決法「フューチャーマッピング」の事例

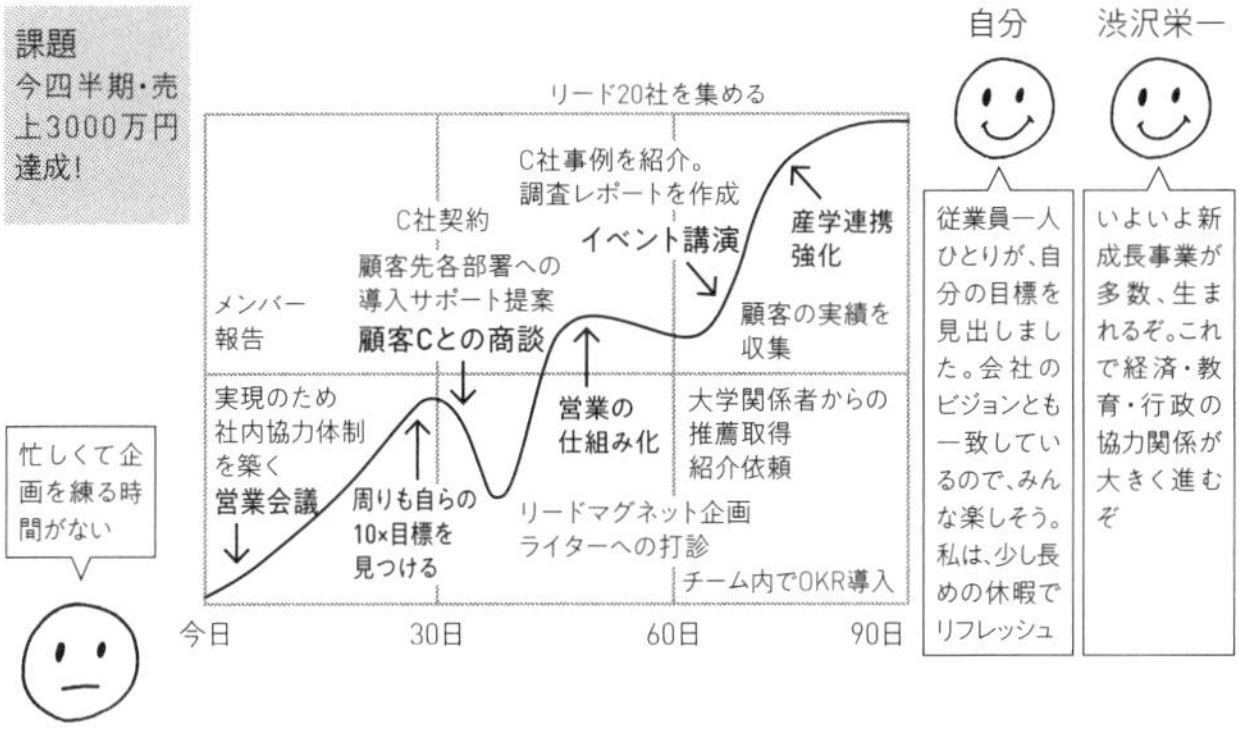

次にすることは、「理想の未来から、自分がハッピーになっている様子を、詳細に想像する」ことだ。チャートの右上に、ハッピーな自分の顔を描き、理想の未来が叶ったときの喜びのセリフを書く。

このときのポイントは、**第三者の視点を入れる**ことだ。理想の未来が叶ったとき、何が起こるのか、第三者の視点で考えてみるのである。その人は、リスペクトしている人を選ぶといい。すると、自分とは異なる高い視点を獲得できる。ここでは、新1万円札の肖像に決定した渋沢栄一にした。

ハッピーな自分を書いたら、左下には今の自分を表した顔とセリフを書く。右上の

「未来」から左下の「現在」に向かって、山や谷のある曲線を描く。

そして、ハッピーエンドにたどりつくためにはどのような行動をしていくのか、を事前にシミュレーションするのである。

ポイントは、曲線のアップダウンのダウン部分を「挫折」ととらえて、想定外の事態が起こったときにどのように克服していくか、を考えることだ。何事もスムーズに運ぶと考えると月並みな発想しか出てこないが、**挫折することを前提にして考えると、今まで思いつかなかった非連続なアイデアが浮かぶ。**

さらに、リスペクトしている第三者の視点を入れているので、アイデアの視点は自分ひとりで考えるより飛躍的に高くなるのである。

例に挙げた、ベンチャー企業経営者の売上達成のアイデアは、どう変化したか？

図4−2で紹介したフォーキャスト法のように、現在から発想していた場合には、自分の力だけで頑張ろうとした。しかし、未来から発想した場合には、営業を仕組み化することを考え始めていた。しかも、渋沢栄一の高い視点から見ることで、「産学連携」によって地域を巻き込み大きな流れと連動する、というアイデアに行き着いたわけだ。

「産学連携をしなければ売上目標が達成できないというが、自分自身が産学連携なんてできるのだろうか……」

いち起業家にとってはあまりに大きなアイデアで、まさかと思うかもしれないが、それを無下にするのではなく、ひょっとしたらと考えてみると、思わぬチャンスをつかめる。

たとえば、スケジュール帳を見たら、すでに何カ月も前に予定されていたイベントで、大学教授が一緒に登壇することがわかり、そうしたチャンスがお膳立てされていた――ということに気づくのである。そうすれば、「このイベントのとき、あいさつをしておこう」「後日、研究室を訪問するアポイントをとればいいのか」「参加者にレポートを配るようにしようか」とやるべき行動がわかる。そして、フロー状態に入ったかのように、スムーズに事業が展開していくのである。

このように、フューチャーマッピングは、未来から考えて、都合のよい物語を想像し、これまでの思考の枠を外す。「都合のよい物語」ではあるが、すでに**現実に用意されたイベントと組み合わせて、その物語を実行**していくので、新しいアイデアが浮かぶだけでなく、それを実現する道筋まで用意できる。だから没頭して、現実に取り組むことができるのである。

ちなみに、ビジネスを成功させている成功体質の経営者に、フューチャーマッピングのことを話すと、「ああ、私はずっとそのように発想していました」といわれる。

それもそのはず。フューチャーマッピングは、発想豊かな人が無意識に使っている、うまくいった企画に共通した思考プロセスを形にしたものだからだ。

あなたも、うまくいく経営者の思考法を取り入れてみてはいかがだろうか。

The Marketing Journey Milestone 15

バックキャスト法で、大きな未来を創造せよ

着想エリア
マイルストーン
16

実現する未来は、ひとつのイメージに宿っている

着想力を引き出すツール「フューチャーマッピング」は、ストーリーから枠を超えたアイデアを引き出す方法だった。

もうひとつ、すごい方法がある。それは**「ジーニアス・コード」**だ。教育心理学者のウィン・ウェンガー博士が考案したもので、イメージから枠を超えたアイデアを引き出す方法だ。

このアイデアを創造する体系には、さまざまなテクニックがあるが、そのうちのひとつである「イメージ思考」を、例を挙げて説明しよう。

たとえば、コンサルタントの事例。

図4－4のような課題があったとする。通常、このような課題があった際には、どうア

[図4-4]
この課題にどうアプローチするか?

課題　どうすれば株式公開後も、企業は成長を維持できるのか?
※本事例は、あくまでも演習のための創作であり、実在する企業とは一切関係ありません。

高精密・高品質のパッキングを製造するメーカー・Z社は、1998年に創業した技術系ベンチャー企業である。独自開発した素材で、環境に優しくリサイクル可能な極小商品も作れるため、急成長中だ。今まではニッチ市場をほぼ独占しており、高収益を確保していたが、この1年の間にライバル企業の参入が相次ぎ、成長率が鈍り、利益率も下がり気味になってきている。

経営陣の悩みは、「株式公開の予定があるが、公開後も成長を持続するために現在、何をすべきか?」ということである。

プローチするだろうか?

この顧客企業が持っている技術や、その関連分野・市場の規模、それぞれの成長性、競合他社の存在や技術力を調べ上げることを想定するのではないか。要は、市場調査を行うだろう。

こうした一般的な発想から提案書を作成することもできる。世の中のコンサルタントのほとんどは、このやり方で提案内容を考えるに違いない。

しかし、そうした既存のアプローチを超えて、別の方法論はないかと探ってみるときに使えるのが、ここで紹介する「イメージ思考」である。

具体的にはどのようなやり方をするの

[図4-5]
3つのイメージの例

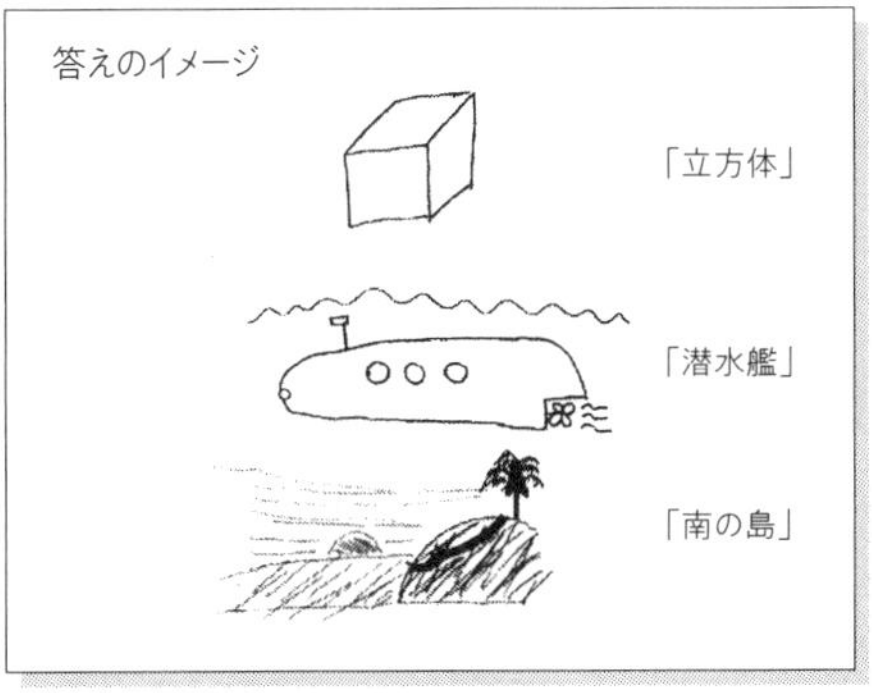

か。

方法のひとつは、**「頭の中で、壁を思い浮かべる」**ことだ。そして、**その壁を超えたときに、どんなイメージが見えるか？**

それを3つ描き留める。

実は、壁の手前側は質問の領域、壁の向こう側は答えの領域のメタファーなのだが、イメージを浮かべるときはそうしたことを考えず、自由に考える。

たとえば、図4－5のような3つのイメージを描いたとする。

実は、これが、先ほどの「提案コンセプトは何か？」の答えだ。

「え、神田さん、このどこが答えなんです

か？　さっぱりわかりませんよ」

という方も多いだろう。これがそのまま答えというわけではない。このイメージを解釈し、そこから答えを見出すことが必要だ。

もっともやりやすい解釈方法は、**「3つの図の共通点を探す」**こと。その中のふたつだけでもいいので、共通点を探すのである。

図4－5を例に考えてみよう。

3つのイラストで共通していることは何か。

南の島と潜水艦は、丸い窓、丸い太陽、丸い島、と「丸」が共通している。

また、南の島にはヤシの木が、潜水艦には潜望鏡がある。このふたつは、「細長いものが突き出している」「周りが見渡せる」といったイメージも共通している。

あとは、これらのイメージから、株式公開後に成長する方法を考えていく。すると、『丸』で『会社で周りを見渡す』となると、360度評価か」「実は、人事評価が大切な

[図4-6]
導き出された提案例

公開後も高収益を維持していくためには、一般消費者にもわかりやすいブランドを確立していく必要がある。しかしながら、新製品を開発する際には、新設備を投入したり、新技術を開発したりするのではなく、当面、既存設備・既存技術の有効活用を考えるべき。特に衝撃に強かったり、超軽量の製品が開発できれば、市場を拡大する突破口になる可能性がある。

こうした会社の変化に合わせて、社員のモチベーションを保つためには、人事評価の透明性を高めること、そして埋もれがちな新技術についても公正な評価ができるような、多面的な評価システムを構築していくことが重要である。

のではないか」「周りを見渡して、既存の技術を活用することが大事かもしれない」というように、本質的な課題を浮かび上がらせることができるのである。

そして、図4－6のような提案コンセプトにつながっていくというわけだ。

イメージが持つふたつのメリット

このように、イメージは、**枠を超えたアイデアが生まれるきっかけ**になる。他にも、イメージならではのメリットは多い。

そのひとつは、「言葉を並べるだけでは伝わりにくいことを、凝縮して伝えられる」ことである。

たとえば、先に挙げたプロジェクトは、浮かべたイメージのひとつにちなんで、「プロジェクト・サブマリン」というコードネームで呼んだら、どうだろう。

公平な人事評価だとか、多面的な評価システムだとか、既存設備の有効活用だとかいうよりも、「周りを見渡すことが大事」ということが、わかりやすく一発で伝えられるし、何よりワクワクした感じが伝わるのではないか？　特に、情報が爆発しているデジタル時代には、その効果が大きい。

「誰でも議論に参加できること」も、イメージを使う長所だ。

ロジカルな議論だと、ロジカルなフレームワークに慣れていないと、議論に加われないが、イメージなら、子供から経営陣まで、誰もが同じ立場で、アイデアを出し合える。

もちろん、イメージ思考はあくまで仮説を出すだけなので、後から仮説を検証する必要がある。しかし、一般的にもっとも難しいのが、仮説を出すプロセスだ。それが出せるという点で、イメージ思考は大変に効果的なブレインストーミング手法といえる。

「提案をしてくれ」といわれて、「何を提案すればいいのか」「どう斬新な切り口を出せば……」と重圧を感じる人は少なくないが、着想法を知っていれば、目の前のこなさなければならない仕事が、自己表現のための創造的な仕事へと変わっていく。

難問に直面したら、頭を掻きむしる代わりに、お絵描きから始めてみよう。

誰もが、今も子供のような創造性を持っていることに、喜びを見出すはずだ。

The Marketing Journey Milestone 16

イメージから問題解決する方法をマスターしよう

第5章

エリア⑤【調整】

他者を巻き込み行動するために、チームを組む

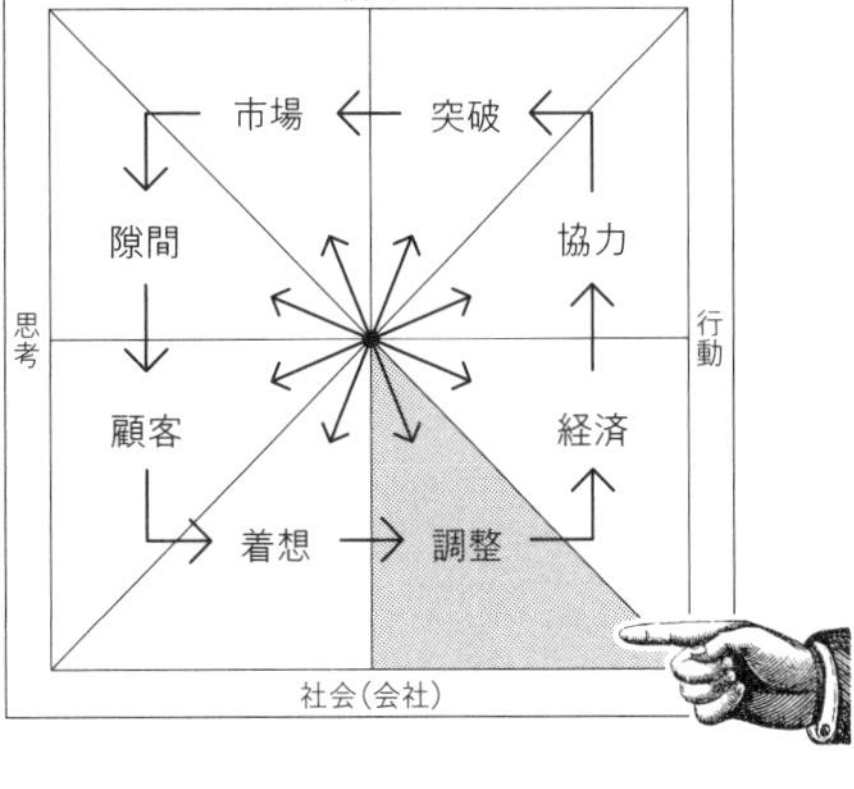

ここでは思考を深める段階。いよいよ行動する段階へ

ここまでお読みいただいたあなたは、事業変革に向けた絶望的状況を打開するために必要なマーケッターの普遍的な知恵――「マーケティング・ジャーニー」を、すでに歩み始めた。

新しい冒険は、はじめは不安が伴う。そこで、ここまでのマーケティング・ジャーニーを振り返っておこう。

[これまでのポイント]

①価値あるビジネス（もしくはプロジェクト）は、普段の「日常（＝市場）」が崩れるところから始まる

②日常が崩れる理由は、自分の強みを発揮できる場所（「隙間（ニッチ）」）を探す冒険に出かけるためである

③アイデアを思いつき、周囲に話しても、スルーされる。提案書にまとめたとしても、絵に描いた餅に終わる。なぜなら「顧客」と向き合わない限り、地に足がつかないから、現実に企画が動き出すことがない。その提案は、空想の領域にふわふわと浮かんでいるだけ

④そこで、プロジェクトについてのご意見をいただく顧客を、5人、5人、10人と、徐々に増やしていく。その顧客を選ぶ際には、将来、協力してもらいたい仲間に、あらかじめ声をかけておくと、実行段階でスムーズになる

⑤ヒアリングの過程で、提案を改善していくが、その提案は、必ず大きな壁にぶつかる。改善では済まず、抜本的な変更を迫られる

⑥絶望的状況に追い込まれるが、その淵で、今までは気づくことがなかった自分の強みを生かせるアイデアを「着想」。そのアイデアは、今までの混乱した状況を、あっさりと、しかも一気に、解決できる！　理由はわからないけれど、世界とつながった感覚がする！

ここまで、前半は、実は、自分が何を本当にやりたいのかという「思考」を深めていく段階だった。

これから先、後半は、他者を巻き込み「行動」していく段階に入る。

まず、第5章では、周りと「調整」して、チームを組む段階。

そして第6章では、プロジェクトを推進するガソリンとなる、「経済」性を獲得する段階について説明する。

「神田さん、私、マーケッターですから、チームを組んで、人と歩調を合わせるよりは、どちらかといえば、収益を生む経済性にフォーカスしたいんですけれども……、それじゃ、ダメですか？」

はい、ダメです……。

それじゃ、結果が出ないんです。

今、世の中は、どんどん仕事が細分化している。だからマーケッターは、MA（マーケティング・オートメーション）だとか、SEOだとか、DMP（データ・マネジメント・プラットフォーム／インターネット上に蓄積されたいろいろな情報・データをまとめ、顧客属性に合った施策を実施するためのプラットフォーム）だとか、EFO（エントリー・フォーム・オプティマイゼーション／入力フォームの最適化）だとか、個別スキルを追いかけがちだ。

しかし、結果を生むのは、チーム全体が動き始めたとき。

そして全体が動き出すためには、異なる分野を受け持つ担当同士が連携して、改善につぐ改善のサイクルをスピーディに回していかなければならない。

だから、大きな結果をあげたいなら、マーケッターは、チームを動かせるような課題に、必然的に取り組まざるを得ないのだ。

「でも神田さん……、今はテクノロジーが進化したから、セールス・オートメーションを導入すれば、ひとりでもある程度のことはできるといっていませんでしたっけ？」

当初、私も、そうなると思っていた。個人で何でもできる時代が花開く、と。

しかし、個人で何でもできるツールが大量に発生した結果、ビジネスのスピードは速くなったが、思わぬ事態が起きた。

その速い流れに多くの人を巻き込んでいくためには、デジタルと人間とを橋渡しする人手が必要なことがわかったのだ。

たとえば、近い将来、営業スタッフは要らなくなる、といわれていた。マーケティング・オートメーションを活用すれば、自動的に見込み客を集めてきてくれる、と考えられていたからだ。

ところが、現実には、電話をかけるスタッフが大量に必要になった。コンピュータで見込み客を集められるが、その見込み客に対して説明するのには、やっぱり人が必要だったのである。コンピュータの発達によって、コールセンターのスタッフは要らなくなる、というのが今までの常識だったが、実際にはスタッフが足りなくてどこも困り果てている。

テクノロジーは、流れのスピードをあげる。だが、その流れだけでは、お金にならない。その流れを引き寄せる水路を作り、バルブを開き、自社に流れ込ませることができるのは、人間しかいない。

その作業は、個人で行うこともできるが、自分で喉の渇きを癒やせる程度の水しか確保できない。村全体に水を行き渡らせるためには、チーム作りが必要なのだ。

そこで、第5章では、協力してくれる人材を集め、チームを動かしていく「調整」の方法について、お話しする。

「チームを動かす力」とは、言い換えれば、「異なる人々の異なるニーズを調整する力」のことだ。

本章の扉ページに掲載したチャートを見ていただきたい。「調整」の対極には「市場」がある。調整をしていくことで、新しい「市場」を生み出す基盤が整えられていく。逆にいえば、調整しない限りは、新しい市場は生まれない。

内部で協力してくれる仲間を結束させるからこそ、外部で応援してくれる顧客を創造できるようになる。

それでは、早速、あなたの未来の実現に協力してくれる仲間を集める旅に出かけよう。

マイルストーン

17

読書会で、調整力を体験する

「エコーチェンバー」という言葉をご存じだろうか。ソーシャルネットワークが普及してから、海外でよく使われるようになった言葉だ。

閉ざされた狭い空間の中で声をあげても、同じ声が反響し続ける。それと同様に、**同じ意見をいう者同士が寄り集まると、他の意見が聞こえなくなる**状況を揶揄《やゆ》している言葉だ。

SNS上ならともかく、ビジネスをする上では「エコーチェンバー」に陥らないようにすることが不可欠だ。

特に新しい市場を創り出すためには、日常から抜け出して、普段の生活では出会えない人たちの見解・視点に触れることが欠かせない。

すると、これまで、自分が抱えている問題に対して、思いもよらないような見解が得られ、より広い視野で見られるようになる。

「エコーチェンバー」に陥らないようにするためには？

とはいうものの、日常生活の中で新しい人に出会うのは、なかなか難しい。会社勤めをしていれば、顔を合わせるのは同じ会社の人ばかり。

そこで、私がすすめるのは、「読書会」に参加することだ。それも、**1冊の本に関して、何人かで自分の見解や感想を述べ合う読書会**がいい。

すると、短時間で、自分と異なるさまざまな視点を得られる。同じ本であったとしても、その内容を、自分とはまったく違った観点から解釈する人がいる。そういう人たちと話すと、客観的に物事が見られるようになり、自分の抱えてきた問題に対しても、**「こういう観点もあるよね」「こういう解決策があるよね」**ということに、気づきやすくなるのである。

読書会の良さは、本という共通の話題があることで、初対面の人とでも延々と話ができることもある。同じテーブルを囲んだ相手のことではなく、あくまで本について話すので、相手と直接対峙することがなく、言い争いが起きにくい。

もちろん、1冊の本について皆で話し合うことで、ひとりで読んだときよりも、知識が定着しやすいという効果もある。

「リードフォーアクション」は、参加者に何をもたらすのか

私が読書会をすすめるのは、その効果と可能性を、身をもって体験しているからだ。

私は、2011年9月から「リードフォーアクション（以下RfA）」という読書会を主宰している。「読んでつながる　力に変える」をスローガンに、読書会を通じて、社会問題を解決することがその狙いだ。

読書会のスタイルはさまざまなものがあるが、RfAでは1冊の本を取り上げ、ファシリテーターのナビゲーションにしたがってその場で自分の関心事への答えを導き出しながら、その内容について同じテーブルの人たちと対話をする。そうすることで、短時間で、本の中身と多様な人の視点を同時に手に入れられる。

その効果の高さから、開始から8年以上経った今では、年間延べ1万5000人超が参加する、日本最大規模の読書会になった。最近では、日本のみならず、中国を始めとした

海外でも、大規模に行われ始めている。

何度も読書会を開催すれば、その本について誰よりも深く学べるし、自分の興味のある分野に関する人的ネットワークも同時に得られる。興味のある人同士が集まれば、必ず何か仕事にはつながるので、その分野に関する能力を磨くことができ、プロフェッショナルへと近づくことができる。

読書会の学びの効果を最大化するには、本の理解を深めるだけではなく、異なる意見をどう調整・統合していくのかが重要だ。ファシリテーションの技術についても、学び始めるといいだろう。

読書会のファシリテーションをすると、**異なる意見を短時間で調整・統合するスキル**を身につける量稽古を積むことができる。こうした実地訓練は、なかなか社内では積むことができない。会社には明確な階層があるためだ。

実際に、ファシリテーターの経験を積むことで会社で高く評価されて、短期間で昇格する人々が目立つ。たとえば、電気機器メーカーに勤務していた人物は、興味を持ったビジネスモデル構築に関する洋書の読書会を展開。結果、全国での人脈が広く築かれ、今は行政とともに「まちぐるみ読書会」などの活動に尽力している。

また、大手通信会社で技術営業を担当した人物は、ビジネスイノベーションに関する読書会を社外で開催していたところ、読書会に参加した人から仕事の案件が持ち込まれた。その結果、営業成果もあがり、マーケティング本部長まで昇格した。

読書会は資金をかけずにできるので、誰にでも開催できる。勇気を振り絞って開催すれば、きっと想像以上の成果が得られるはずだ。

それにしても、読書会を主宰して改めて思うのは、読書会、そして本というものの影響力の強さだ。江戸から明治に向かうときに、変革リーダーたちが集い、育つ場となったのは、対話式の読書会だったが、それは過去の遺物ではない。

本離れとはいうものの、**時空を超え、人、そして社会を動かすメディアとして、本は依然として大きな影響力を保っている。**

The Marketing Journey Milestone 17

ファシリテーションを通じて、リーダーシップを発揮する場数を増やせ

調整エリア

マイルストーン

18

働き手がいないという嘘

「働き手がいない……」と多くの会社が嘆く中、肉体労働であるのに、シニア層が喜んで働きにくる仕事がある。

それは一般社団法人日本洗車技術指導協会が始めた「無水洗車ビジネス」だ。

この事業は、「無水」の言葉通り、水を使わずに、特殊なクリーナーで車を拭いて、車をピカピカに磨き上げるというビジネスである。

車のボディやウィンドウ、アルミホイールをひとつのクリーナーで洗えるので、いくつものクリーナーを持ち運ぶことはない。場所に左右されることがないので、お客の自宅やゴルフ場などに訪問して車を磨くことができる。

とはいえ、時給は９８０～１１００円なので、大きく稼げる仕事ではないし、肉体労働なので、それなりに大変なところはある。

喜んでシニアが集まる〝肉体労働〟

このビジネスが、お客だけでなくシニア層の働き口としても好評なのはなぜか。

それは**1日のうち、ほんの数時間で、心身の健康に良い仕事ができる**からだ。

定年後の男性の多くは、限られた人との交流しかしなくなり、家に引きこもりがちだ。そうなると、体を動かす機会も少なくなる。

しかし、内心はもっとアクティブに過ごしたい意欲を持っている。長時間動くのは体がつらいし、遠くに行くのは面倒なので、適度に身体を動かしたいと考えているのである。

この協会と事業を立ち上げた上谷《かみや》光彦さんは、東京・神田でシェアオフィスを展開する中で、そんな定年後の男性のニーズを感じ取っていた。

シェアオフィスでも、入居を検討しているシニアが**「名刺がなくなることが悩み」**だと知り、名刺の肩書きを考えて1箱分の名刺をプレゼントするサービスをはじめ、契約者を増やしたという。

そうした経験を踏まえて、上谷さんは、シニア層のニーズに合わせた形で、洗車スタッフを募集した。

大きな特徴は、**労働時間は月８日以内、１日５時間以内に限定。仕事場は、スタッフの家から徒歩圏内に限った**ことである。

これなら、身体を定期的に動かせる上、短時間で終わるので、体の負担も少ない。徒歩圏内なので、散歩がてら仕事ができる。お金を払ってスポーツジムに通うなら、お金をもらって洗車をしたほうが、一石二鳥というわけだ。

シニアになると、複雑な仕事を新たに覚えるのがおっくうになりがちだが、この無水洗車の仕事は複雑ではないので、始めるハードルも低い。

お客が喜ぶ顔が直接見られることもうれしいことだ。顔見知りになれば、世間話などして、心を通い合わせられる。働き手にとっても癒やされる居場所になる。

この条件で募集をかけたところ、シニアの働き手が次々と集まってきたそうだ。事業は順調で、リピート性も高く、上谷さんは手ごたえを感じている。

「人がいない」と嘆く前に、やるべきことがある

このように、限られた時間を使って柔軟に働くことができる仕事を求めているのは、シニア男性に限らないだろう。

たとえば、「介護の関係で、都会から地方の実家に戻りたいけれども、時間の制約の中で働きたい」という人は、その典型だ。子育てをしている主婦の中にも、短時間だけ働きたい人は大勢いる。

働きたい理由は、お金だけとは限らない。「健康維持のために少し体を動かしたい」人もいれば、「収入は少なくてもいいから、誰かに喜ばれることがしたい」「承認欲求を満たしたい」という人も多い。

メルカリで、手作りの品を、制作時間に見合わない値段で売っている人がいるのは、そのあらわれだ。私の会社にも、週末、パンダのぬいぐるみを手芸で作り、メルカリで売っているスタッフがいるのだが、ひとつ仕上げるのに2週間かけて、売るときは1500円だそうだ。どう見ても収入の足しにはならないのだが、それでも続けているのは、誰かに

喜んでもらうのがうれしいからに他ならない。

介護の仕事にしても、そうだ。フルタイムだときついが、2〜3時間なら喜んでやるという人は少なくない。単にお年寄りに喜んでもらうだけでなく、自分が要介護状態にならないためのヒントを会話から得られることもある。それがきっかけで、早起きや運動などが習慣になり、日常生活のリズムが整ったりするわけだ。

しかし、売り手市場のはずなのに、求人市場に、そういう仕事はまだまだ不足している。さらに、人が喜んで働ける仕事という意味では、もう圧倒的に足りていないのである。

もし、あなたの会社で「人がいない」と嘆いているならば、**会社の仕事の中で楽しく心身の健康に役立ち、時間が自由になる仕事を切り出せないか**どうか、考えてみてほしい。

そうした仕事が提供できれば、あなたの会社には、これまで活用できていなかった、やる気のある人が集まるようになる。そして、〃未来に応援される〃会社になるはずだ。

The Marketing Journey Milestone 18

細切れ時間で働ける仕事を創造する

調整エリア

マイルストーン

19

辛い「労働」が、「娯楽」になる時代

新たな市場を創り出すには、社員が行っている「仕事」に着目するのもひとつの手だ。その**仕事の一部を、業界外の人が体験できる一種のエンターテインメントに仕立てる**ことで、これまでコストでしかなかった労働が、収入源に変わることがある。

その方法を考える上で、高橋博志さんのケースは、大いに参考になる。

「あなたも1日で木こりになれる！」と聞いたなら、あなたは木こりになりたいだろうか。

実は、森林に入って木を切る術を学ぶ**「キコリ講座」**が人気だ。この講座を受講すると、単に「木こり」という肩書きを名刺に入れられるだけでなく、循環型社会を創造する重要なエンジンになれる。

講座の中身は本格的だ。受講料1万8000円を払うと、4日間、青森の森林でプロの木こりに、チェーンソーを使った間伐や木材の搬出などを教えてもらえる。森林で非日常な体験ができるだけでなく、受講後にはチェーンソー取扱技能特別教育修了証が発行され、木こりとして働けるようになる。

林業の仕事を経験する「キコリ講座」が人気を集める理由

この講座の魅力はそれだけにとどまらない。受講生が間伐することが、社会貢献になるのだ。

森林の木をすくすく育てるには適度に木を間伐し、間引くことが欠かせない。しかし、最近は人手不足で間伐できず、荒れ放題の森林が少なくなかった。そこで、受講生が間伐をすれば、森の保全にひと役買えるのである。

さらに間伐した木材は、地元の障がい者支援施設で、「木質ペレット」に加工される。木質ペレットとは、木を伐採した際に発生する端材や木の枝などを圧縮し、円筒型に成型した「小型の薪」のようなものだ。灯油代わりのストーブ燃料になる上に、大気中の二酸化炭素を増やさないエコ燃料だ。受講生が間伐することで、製造コストが大幅に抑えられる。

つまり、「キコリ講座」が、地元の森林の木を地元で使うエネルギーとして活用する循環型社会を生み出しているのである。

加えて、受講者は、間伐のお礼に、「モリ券」という地域通貨がもらえる。これで名物を味わい、土産を買えば、地域経済も活性化するというわけだ。

あなたが嫌がっている仕事が、社会を変える

この仕組みを描いたのは、冒頭でご紹介した高橋博志さんである。高橋さんは、青森県三沢市で、リフォーム用木材の通信販売を手がける株式会社高橋の社長であり、NPO法人青森バイオマスエネルギー推進協議会の理事長でもある。

立ち上がったのは、日本の森林に対する危機感からだ。自身も祖父から森林を相続して、森を守る難しさを痛感していた。このままでは日本の豊かな森林が失われ、安価な輸入材ばかりが流通することになりかねない。

その打開策として行き着いたのが、間伐材でペレットを作ることだ。これなら、森林の荒廃を防ぎながらお金を稼げる。

ただ、ネックは、間伐する人がいないことだ。プロの木こりに頼むと、採算がとれない。

行き詰まった高橋さんは悩んだ末、突破口を見つけ出す。それが「キコリ講座」だ。**木こり体験をレクリエーション化すれば、受講者は楽しめるし、こちらも安く間伐できる**と考えたのである。

反響は高橋さんの予想以上。２０１３年に1回目の受講生を募ると、定員20人の枠に、なんと50人以上が応募してきた。

その後も「キコリ講座」は継続しており、東京や大阪、福岡など全国から人が集まっている。ここで得た技術を生かし、自分の地元の森林を整備する人も出てきている。

この社会変革は、**「時間に見合わない」と思われていた低収入の、誰でもできる仕事を、学び化・遊び化**したことから、すべてが始まった。

同様の変革を起こすには、仕事にすると人が嫌がって担い手が集まらない作業をエンターテインメント化、学び化するという視点を持ってみよう。

前項でも例に挙げたが、たとえば、介護はどうだろうか。心身ともにタフさが必要とされる仕事であり、初心者では1日やり遂げるだけでもしんどいが、1日2時間程度手伝えるように仕事を切り分けることで、シニアになってから空いた時間で取り組める「人に喜ばれる仕事」になる可能性がある。

介護業務を始めるための入門講座や、自分自身が要介護状態にならないための健康講座などをセットにすれば、事業所側にもいくばくかのお金が入るようになるだろう。

あなたが嫌がっている仕事は、新たな市場を創造するどころか、**社会を変える最高の遊び**になる可能性がある。

The Marketing Journey Milestone 19

☑ 担い手が集まらない仕事を、学び化・遊び化しているか？

調整エリア
マイルストーン
20

高い次元を目指すリーダーは、戦いを避けるな

お客様の心を動かす新規事業を生み出すプロセスにおいて、意見の衝突はつきもの。その際、経営者や事業責任者は、他のメンバーの意見に安易に屈するのではなく、信念を持って自分の考えを主張することが重要だ。根回しをして争いを避けるより、**異なる意見を激しく戦わせたほうが、最終的に調整できる**ことは少なくない。

自分の意見を通すために戦うのには、闘争心が必要だ。ただ、常に闘争心を燃やし続けるのは簡単なことではない。そのことを理解している経営者は、プライベートでも戦いの場に身を投じ、ハートに火をつけ続けている。

２０１７年12月20日、ビジネスリーダー同士の戦いを観るイベントが、東京・丸の内にあるパレスホテル東京で開催された。

エグゼクティブによる本格的な格闘技イベント、「QUOTATION（クォーテーション）」だ。K－1実行委員会の全面協力の下、エグゼクティブ同士が10試合、キックボクシングで対戦した。

選手の中には、技術者派遣を行うUTグループの若山陽一社長のような上場企業の代表者もいる。「明日は株主総会なので、負けるわけにはいかない」とリングにあがる社長もいた。

彼らのようなビジネスリーダーは、実に多忙だ。わざわざその合間を縫って、格闘技の練習をし、試合に臨む必要はどこにもない。痛い思いもするだろうし、下手すると仕事に支障をきたすかもしれない。

それでもリングにあがるのは、闘争心を燃やし続ける必要性がわかっているからだろう。

「マーケティング4・0」を体現したイベント

私も現地で観戦したが、試合を楽しみながら感じたのは、**ビジネスモデルとしても秀逸**

だということだ。

コトラーが「マーケティング４・０」という、**顧客の自己実現を支援**するマーケティングを提唱したが、このイベントはまさにその典型だ。エグゼクティブが自己実現できるのはもちろん、応援に来た社員の自己実現も促せる。戦う社長の姿を見れば、挑戦心をかき立てられるからだ。

「チャレンジ精神のある社長」をＰＲすることで、会社のブランド価値も高められる。ネットＴＶで中継されるようになれば、ＰＲ効果はさらにあがるだろう。

こうしたメリットがあるので、参戦する社長たちは、自らスポンサーとして出資し、社員を含めた観客もかき集めてくれる。

チケットは３万５０００～10万円もするが、会場は社員や友人、家族などで埋め尽くされていた。リング回りの観戦席は円卓形式になっていて、観客にフルコースディナーがふるまわれるのだが、主催者は十分にもとが取れるだろう。

その上、観客がジムに通い始めることもある。もちろん、スポンサー収入もあるし、選手たちからは参加料金もとっている。**非常に多様なキャッシュポイントを作っている**のだ。キャッシュポイントを考える上でも、大いに参考になるイベントだ。

さらに、「QUOTATION」は、時代の潮流から生まれたニーズを的確にとらえている。

AI化の進展で、今後は、より人間であることを意識する社会になり、さまざまな変化が生じる。

そのひとつが交流の形だ。不特定多数の人と付き合うよりも「トライブ」という小さな社会、つまり**内輪で固まるようになり、内輪向けイベントが増える。**

その潮流を先取りし、社会性のあるビジネスモデルに進化させたのが、この格闘技イベントだ。内輪からの収入だけで回せる仕組みを作り、収益の一部を寄付する、チャリティーイベントに進化させている。

また、男女平等が徹底される中、その反動として、このような**男女の個性が際立つイベントが注目**されるようになる、と私は見ている。

仕事で脳ばかり酷使する中、肉体の疲労感を感じさせるイベントが求められる傾向も出てくるだろう。

こうした時代の流れに、すべてマッチしているのだ。AI疲れが進み、今後は同種のイベントがどんどん出てくるだろう。

試合後、リング上でハグする選手たちを見ると、闘争心を持って真剣に戦ったからこそ生まれる友情があることが伝わってきた。

真のつながりを見出すためにも、ビジネスで勝つためにも、闘争心は欠かせないことを改めて感じる。

さて、あなたは、闘争心を燃やし続けているだろうか？

The Marketing Journey Milestone 20

☑ **最高の商品／サービスを実現するため、ぶつかり合っているか？**

第6章

エリア6【経済】

予測可能な成長をもたらす、集客モデルを組み立てる

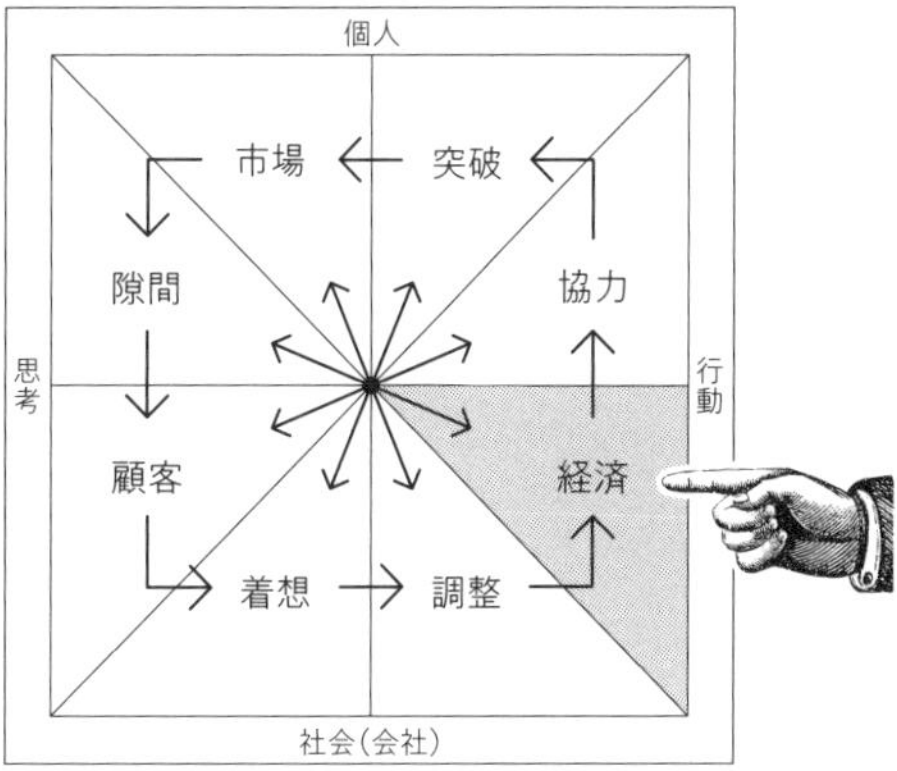

百貨店型のビジネスモデルは終わった

集客モデルを作ること——それがマーケッターの仕事だ。

大雑把な方程式で示すと、図6－1を成り立たせることである。細かくいえば、さらに、これに流出率（Churn Rate）や紹介率（Kファクター）などもかかわってくる。

要は、集客モデルを作れれば、ビジネスは計測可能で、予測可能な成長に向かってアクセルを踏めるようになるというわけだ。

と、基礎的なマーケティング知識を共有したが、重要なのは、こうしたマーケティング知識ではない。マーケティングを成り立たせるための、ビジネスモデルの作り方である。

［図6-1］
集客モデルの方程式

顧客獲得コスト （CPA= Cost Per Acquisition）	＜	顧客生涯価値 （LTV= Life Time Value）

CPA＝ひとり当たりの見込み客獲得コスト（CPL= Cost Per Lead）／成約率
LTV＝1回購入当たりの粗利×リピート回数

ズバリ結論からいえば、顧客が要望するままにありとあらゆる商品を並べる百貨店型のビジネスモデルを成立させるのは、大変困難な時代になった。

なぜなら、デジタルマーケティングの技術を活用しづらいからだ。

単純に考えてみていただきたい。百貨店型のビジネスで、アマゾンやヤフー、楽天に、これから対抗しようとしても笑われるのがオチだ。

集客モデルを組み立てるためには、圧倒的に強い単品に絞り込むことが不可欠だ。

強い単品に絞り込むと、検索では上位にランキングしやすくなるし、クリックされた広告から、顧客の行動を把握しやすい。ＭＡ（マーケティング・オートメーション）によって、必要なタイミングでコミュニケーションしやすくなるし、また先が読める経営を可能にする定期購入（サブスクリプション）モデルへと移行しやすい。

つまり――デジタル時代には、百貨店を目指すのは、負け戦に参入するようなもの。特定の分野で傑出する専門ショップを目指さなければならない。

「なるほど、神田さん。だから、この章で扱う『経済』の対極を見ると、『隙間』になっているのですね」（図6－2）

[図6-2]
「経済」の対極は「隙間」

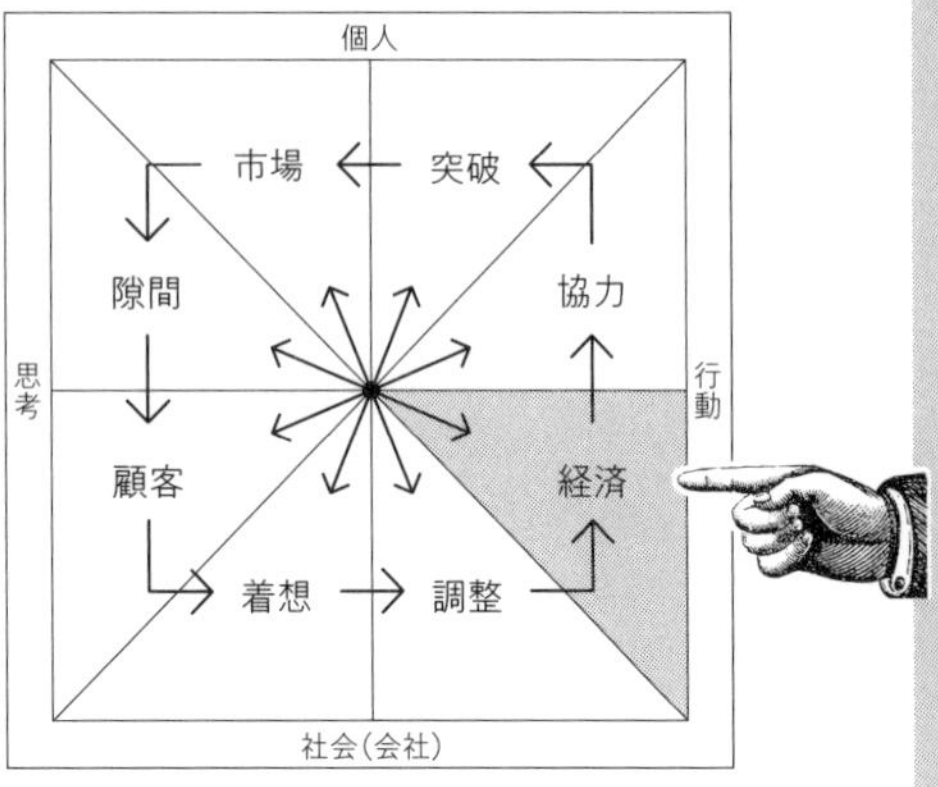

そう、その通りだ。

このように、ビジネスを成立させる体系がわかってくると、新しい事業を創出するための最適な体験を、最適な順番で積んでいくルートが見えてくる。

今までビジネスを立ち上げるのは、大変に時間がかかったけれど、それを大幅に短縮できるわけだ。

従来のビジネス教育は、バラバラの分野を、バラバラの順番で、行き当たりばったりに教えていた。有能なビジネスリーダー、プロフェッショナルな経営者を育成しづらかった理由は、ここにある。

優秀なビジネスリーダーとなる資質を持った人材が少ないのではない。ビジネスリーダーを、再現性を持って育成していく、体験型の教育カリキュラムがなかっただけなのだ。

そして、そのカギになるのが、持続性のあるビジネスの原動力である、キャッシュを稼ぐための「経済」性を成り立たせるための取り組みだ。

本章では、デジタル時代の集客モデルの作り方としてとても参考になる、4つの事例をお話しする。

多くの人は、お金稼ぎは悪いこと・卑しいことのように考えているけれど、そういう人は、自分だけがよければいいという利己主義者だと、私は思う。

会社に集うすべての社員の生活を支えるために、そして、そうした活動を必要としているすべての顧客の成功を実現していくためには、効果的・効率的な集客スキル（稼ぐ力）を身につけることが必要だ。

それは、持続的な社会を形成していく上での、最低限の教養と考えていただきたい。

経済エリア

マイルストーン

21

検索からの逆算で、つける社名がわかる

最近のベンチャー企業は、4文字のユニークな社名が目立つ。メルカリ、ココナラ、サンサン、ラクスルはその一例だ。これらは発音しやすく、覚えられやすい。**一度見ただけで覚えられれば、検索もされやすい**。広告に頼ることなく、お客様を集められる。

覚えやすさということでは、外国人を意識することも重要だ。海外に出なくても、さらに増えるインバウンド（訪日外国人）客を考えると、外国人が発音しやすく、スペルが覚えやすいものを選んだほうがいい。

成長性をアピールできる社名かどうかも重要だ。今、ベンチャー企業の社名は、「テック」という言葉を組み合わせることも多い。「テクノロジー」を想起させることによって、既存の成熟市場を超えた広がりを描けるからだ。不動産であれば不動産テック、金融であればフィンテック、食料品であればフードテックというように、まったく新しい領域を開

拓しているように見せて、成長性をアピールするわけだ。

社名から、会社の業務内容が簡単にイメージできれば、なお望ましい。

そうした点を考慮して、２０１６年に社名を変更し、成功したのが、旧社名・ビズロボジャパンだ。同社は、ホワイトカラーの業務を自動化するＲＰＡ（ロボティック・プロセス・オートメーション）を手がける企業なのだが、旧社名ではそれがわからなかった。そこで「ＲＰＡテクノロジーズ」「ＲＰＡホールディングス」という名前に変更した。

すると、ＲＰＡホールディングスが上場したときに、株式のティッカー（英字の略称）がＲＰＡと名付けられた。そして、**ＲＰＡ関連企業の代表銘柄としてメディアでいの一番に取り上げられ、注目**されるようになったのである。

また、私のクライアントで、旧社名・タクセルという会社がある。同社はマーケティング・オートメーションを展開する会社で、旧社名も悪くはないのだが、業務内容が一瞬でわかりにくかった。そこで、マーケティングロボティクスという社名に変更。そうすることで、資金調達も成功したのだ。

わかりやすい社名を追求するには業務内容に関連するものにするのがよいが、事業を多角的に行うことを目指すのであれば、扱う領域を広げるネーミングのほうがいい。

業務内容に絞るか、扱う領域を広げるか

たとえば、**ウーバーはドイツ語で「オーバー」**の意味。それが「シェアタクシー」を想起させる名前だったなら、既存のタクシーと似たイメージがつき、成長も制約されただろう。しかし、「オーバー」ということで、**バスや物流も含む巨大なモビリティー市場に活動領域を広げられた。**これはアマゾンも同様だ。創業者のジェフ・ベゾスが、世界でもっとも広大な河川からつけたといわれるが、もし社名が「アマゾンブックス」なら、今のような事業展開はできなかっただろう。

ソフトバンクも、パッケージソフトウェアの流通から始まったが、名は体を表すというように、今やメイン事業がバンク（金融）に変わりつつある。

社名、商品名、さらにはプロジェクト名などすべての名称は未来への展開図がすべて収められた種子といってもいい。論理と感性、デジタルとアナログ、双方の技量が試される。まさに戦略そのものだ。

情報爆発の中で、自然に検索され、世界へ拡散し、未来へ成長する名前を生み出すこと

は、これからマーケッター必須のスキルと見なされるようになるに違いない。

昔はフリーダイヤルの0120の後の番号が覚えやすいかどうかで、電話がかかってくる頻度が左右された。今は、社名で、検索数が左右される時代だ。だから、検索エンジンで検索されることから「逆算」して、戦略的に社名をつけることが不可欠だ。

成長分野を象徴するような社名をつければ、その分野のリーディングカンパニーと、位置づけしやすい。だから、上場に向けて、資金調達もしやすくなる。

発音されやすい、**記憶されやすい**社名をつければ、認知を促すための広告も効果的になる。だから、ブランドを築きやすくなる。

テクノロジーやロボティクスのような**トレンドワードを、社名に組み込めば、採用においても効果的になる。**だから、優秀な社員を集めやすくなる。

名は体を表す——この古来の箴言《しんげん》は、デジタル時代でもなんら変わっていない。

The Marketing Journey Milestone 21

☑ **覚えやすいネーミングを、戦略的に考えたか？**

経済エリア

マイルストーン 22

レビュー評価を高めるために、身内を大切にする理由

あなたは、「大和麺学校」の存在をご存じだろうか？　ラーメンやうどん、そば店を開業するノウハウを1週間で教える短期集中講座を展開している学校だ。2001年に開校し、今や卒業生は5027人（2019年10月現在）。海外からも受講生が訪れているほどの人気である。

断っておくが、同じメニュー、同じ味、同じ内装、同じ接客の麺店の経営者を量産するのではない。麺店を経営したいと思う受講生一人ひとりの、個性を生かしたメニューの開発から、繁盛するための集客メカニズムの構築までを含むノウハウを伝授しているのだ。

つまり、ほんの1週間で、麺店に特化した起業家＋経営者を育成してしまうのである。

考えてみていただきたい。

あなたの会社で新規事業の立ち上げ、そして経営を任せられる人材は、どのぐらいの期間で育成できるだろうか？

３年、５年、それとも10年？

通常は、そのぐらいかかるだろう。いや、起業家や経営者は生まれつきの資質だから、一生かかっても育成できない、といわれることも多い。その人材育成が、たった１週間でできたなら――。あなたの会社は、業界をどのように変えていくだろうか？

「自分が活躍するのは、日本だけでは狭すぎる」――。そう考え始める人が増えるのではないか？

そのように、すべての業界をひっくり返しかねない人材教育の大革命の先陣を、大和麺学校が切ったといっても過言ではないと思う。

いったい、**なぜ数年間はかかる人材育成を、１週間に凝縮できるのか？**

その秘密は、ズバリ、「デジタルデータの活用」だ。

再現性を高めるために、麺の素材の配合、スープの味、具材の仕込みなどを0・1グラム単位で計測しデータ化しているが、同校のデータベースにあるのはそれだけではない。

地域ごとの好みや、だしの濃淡の違い、飲食店案内サイトの評価や立地、坪数、家賃、座席数から見た売上データ、インスタグラムに投稿してもらうための美しい盛り付けなど、さまざまなデータを持っている。

これらのデータを駆使し、繁盛する麺店を作るノウハウを1週間で叩き込む。要は商品戦略、マーケティング戦略、店舗戦略、地域戦略のすべてをデータで管理。PDCA（計画、実行、評価、改善）サイクルを回しながら改善を繰り返す人材を育成しているのである。

レビュー評価のベースを作るという発想

特に重要なのが、レビュー評価だ。これは、マーケッターにとってみれば、見落としがちな点だったのではないか？

「ぐるなび」などの情報サイトのレビュー評価が重要なのは、当然、マーケティングの常識だ。レビュー評価をあげるために、マーケッターは、ネット上で検索を増やしたり、SNS上でシェアされたり、バズる効果的な投稿を促進したり、さらには行列ができる店というブランドを構築したりという対策を、真っ先に考える。

しかし、レビューの「評価点」と、飲食店における集客効率の指標である「回転率」を直接、紐付けて分析する人は、きわめて少なかった。それを考慮しないと、誰もがスマホで検索する時代には致命的な事態を引き起こしてしまう……。

なぜなら、開店したばかりの店を、即、人気店にさせようとして、味や接客の品質が安定しない前に行列ができてしまえば、低いレビュー評価を数多くつけられてしまう。一度、低くついてしまったレビューの点数をあげることは至難の業である。

大和麺学校は、その点を踏まえて、**レビュー評価を安定させる方法を指導**している。それは、開店当初から、理にかなったものであることに驚く。

その方法とは、**「真っ先に、地域の人を巻き込む」**ことだ。

たとえば、お店の内装を行う業者を選定するとき、地元の中であなたが「こんな店を開きたい」と思うお店を見つけ、そのお店を手がけたデザイン会社を探してくることをすすめている。

理由は、ラーメン店のような地元に根付いた商売をするには、地元の風景になじむデザインを熟知している、地元の人と協力関係を築くほうが重要だからだ。

その結果、その人自身が、真っ先にお客様になってくれるし、好意的な評価をしてくれるだろうし、口コミで広げてくれたりする。すると、徐々に高いレビュー評価がたまっていき、レビュー評価のベースが作れる。

つまり……、オープンしたての頃、誰も顧客がいないときから、熱烈なファンを生み出すことは難しいが、地域の人と組むことで、当初からアンバサダーを確保し、その地域に受け入れられ続ける繁盛店になっていけるというわけだ。

第5章で「調整」についてご説明したが、地域の人を巻き込むことはまさにその典型だ。この**調整の段階で、協力者としっかりと信頼関係を築いておくと、次の「経済」性の段階に進んだときに、大きなメリットをもたらす**ことがわかるだろう。

今一度、この章の扉ページに掲載した図を見ていただきたい。「調整」エリアで、しっかりと協力者たちと信頼関係を育んでおくと、次の「経済」の段階で、彼らはアンバサダーとなって、集客の基礎を築いてくれるのだ。

人材育成という観点を持つことで、市場が大きく広がる

この大和麺学校の取り組みは、**職人の技術を要する、あらゆるビジネスに応用できるだ**

ろう。たとえば美容室なら、髪質分析や髪質にあったシャンプーの選択、平均接客時間やメニュー、駅からのアクセス時間、口コミサイトのレビュー数などが、顧客満足度や友人紹介率に影響する。

もはやどの業界でも、事業の採算性を成り立たせるために検討すべき数値のほとんどは、デジタルデータで記録・分析できるようになった。その結果、短期間で、必要な人材を育成できる基盤が整ったともいえる。

そして、このように人材育成が短期間で進むと、海外からも、あなたの会社に学びに来るようになる。結果、事業領域を海外にも広げられるようになる。

マーケッターは、**人材育成という観点を持つことで、市場を大きく広げられる**ようになったのだ。

The Marketing Journey Milestone 22

☑ **あなたの事業で、集客に直結するレビュー評価は何か？**

経済エリア

マイルストーン

23

1本の電話が、ビジネスの成否を決める

集客モデルを成り立たせるためには、多くの場合、成約率が決め手となる。

たとえば、資料請求をするひとりの見込み客当たり、8000円の広告費がかかったとしよう。その後の成約率が5％だったときには、顧客獲得コストは、ひとり当たり16万円かかる。その成約率が10％にあがれば、顧客獲得コストは8万円。その成約率が20％にあがれば、顧客獲得コストが4万円に下がる。

ここで、新規客が顧客になってから1年の間にもたらしてくれる収益が、仮に10万円だとしよう。すると、成約率が5％のときには、赤字。成約率が10％のときには、黒字に変わる。つまり、成約率が低いか高いかで、赤字か黒字かが決まる。

そして黒字に変わった途端、あとは方程式が崩れない範囲で広告を積み増していけば、自動的に顧客は増え続けるという、計測かつ予測可能な集客モデルが完成する。

賢いマーケッターが落ちる穴

では、**どうすれば、成約率は高まるのか？**

一般的には、商品の訴求ポイントを変えたり、価格を割引したり、特典内容を充実させたり、見込み客への接触回数を増やしたりするなど、買い手がウェブ上で購買判断する上で必要な情報内容を改善することで、成約率をあげようとするのが、定石である。

ところが、この常識的なアプローチの落とし穴を指摘したのが、翻訳書『成約のコード』（実業之日本社）である。実は私が監修をしている本で、その内容について以前から注目していた。

本書は、デジタルツール活用による即効性の高い集客法を大量に紹介している。著者のクリス・スミス氏は、キュレーター社の共同創業者で、本書に書かれた方法をフル活用することで、ベンチャーキャピタルからの資金調達なしで、同社を3年足らずで年間経常収益500万ドル超に拡大させた実績を持っている。そうした経験をもとに、現在は、デジタルマーケティングやセールスコーチングなどによって、顧客のビジネスの成長加速を支援している。

電話のスピードで成約率が100倍アップ

これだけ見ていくと、クリス氏はデジタルマーケティングの信奉者のように見えるが、面白いのは、クリス氏が**決してデジタルマーケティングを信頼していない**ことだ。

たとえば、自動的に顧客にアプローチするMA（マーケティング・オートメーション）は「過大評価され、頼られすぎている」と批判的だ。

MAには顧客に購入動機を持ってもらえるような情報を提供することで顧客を育成する「ナーチャリング」プロセスがあるが、スミス氏によれば、実際に成約率をあげる決め手となるのは、「人の対応」だという。

たとえば、見込み客が関連資料を請求したとき、MAの場合は、その人に、自動でフォローのメールを送信する。しかし、そんなことをするより、見込み客へ1本の電話をしたほうがいい。しかも、30分以内に電話した場合と30分以後とを比較したところ、成約率に与えた差は、なんと100倍！

昔ながらのアナログなやり方のほうが、よほど効果的だというわけだ。

1本の電話によって激減した離脱率

電話でのアプローチに関しては、私のクライアント先でもこんな事例がある。

以前、法人向けのクラウドサービスを提供していた会社だが、せっかく獲得した顧客が、3カ月で約4割の人がいなくなったのである。1年後には顧客がほぼゼロになる状況だ。

原因は何か？　問題は、システムのサービス内容ではなかった。調べてみると、システムにたどり着いてすらもいなかったのだ。実は、顧客は、ログインするのが面倒なので、使うことがないまま、解約していたのである。

そこで申し込みいただいた即日、「使い方については私がご案内します」と、設定のためのアポイントを取得するようにした途端、離脱率が激減したのである。

単純な話、タイミングよく電話をかけるだけで、ビジネスは大きく変わってくるというわけだ。

あと10年で、営業職は不要になる。そんな衝撃を与えたのが、オックスフォード大学のマイケル・A・オズボーン准教授によって書かれた論文「雇用の未来」だ。コンピュータに代替されやすい職種として、電話営業や訪問営業を挙げていた。しかし……、**現実は、真逆**だったのだ。

今、米国では、電話営業も訪問営業スタッフも、争奪戦。なぜなら、コンピュータが発掘した見込み客の成約には、「人間」が必要であることが明らかになったからだ。

どんなに技術が進化しても、売上を決定する真実の瞬間には、人と人との出会いがある。その刹那に問われるのは、1本の電話を厭わないかどうかだったのである。

画面の前で、スマートにこなそうとする人間は、ロボットに置き換えられるが、顧客の懐の中に入り込んで、奉仕することを厭わない人間は、デジタル時代に、ますます求められている。

The Marketing Journey Milestone 23

コンピュータが発掘した見込み客の成約には、「人間」が必要

経済エリア

マイルストーン

24

未来からの逆算による提案が、成約率を高める

米ノースウエスタン大学が実施した、面白い調査がある。

「ふわふわしたソファ」と「頑丈なソファ」――２つの画像を、オンライン調査で見せて、どちらが欲しいか尋ねた。

１回目の調査では「頑丈なソファ」を選んだ人が58％。つまり、どちらかといえば、座り心地の良さよりも、耐久性の高いほうが、選ばれると考えられた。

そこで、その判断が適切かどうかを確認するために、より正確な調査を行おうとし、今度は、「頑丈なソファ」２タイプと、「ふわふわのソファ」１タイプの、合計３タイプを比較調査した。すると今度は逆に、77％の人がふわふわしたソファを選んだ。

つまり、**買い手は「本当に欲しいモノ」ではなく、「目立つモノ」を選んでしまった**のだ

（『PRE-SUASION：影響力と説得のための革命的瞬間』ロバート・チャルディーニ著／誠信書房）。

なぜ顧客は、欲しいものを判断できなくなったのか？

インターネットが社会インフラになった結果、私たちは爆発的な情報量の中で、購買判断をしなければならなくなった。一つひとつの購買にしっかり時間をかけて、正しい、良質な購買決定ができているかといえば、それは幻想だ。

法人営業では、次のような調査結果がある。

図6―3は、購買チームの規模と購買の可能性に関する調査なのだが、注目は、2人目の購買意思決定者が現れたとき。なんと、**購買の可能性が81％から55％へ激減**するのだ。購買意思決定者が増えれば増えるほど、意見がまとまりにくくなるので、購買可能性は減っていく。その結果、差し障りのない、安い価格の商品だけが選択されていき、本当に必要な、会社を改革していく良質なソリューションについては選ばれなくなるのである。

その際に重要になってくるのが、異なる価値観を持つ顧客の購買チームを良質な決定へと導く、ファシリテーション型の営業である。

[図6-3]
購買チームの規模と購買意思の関係

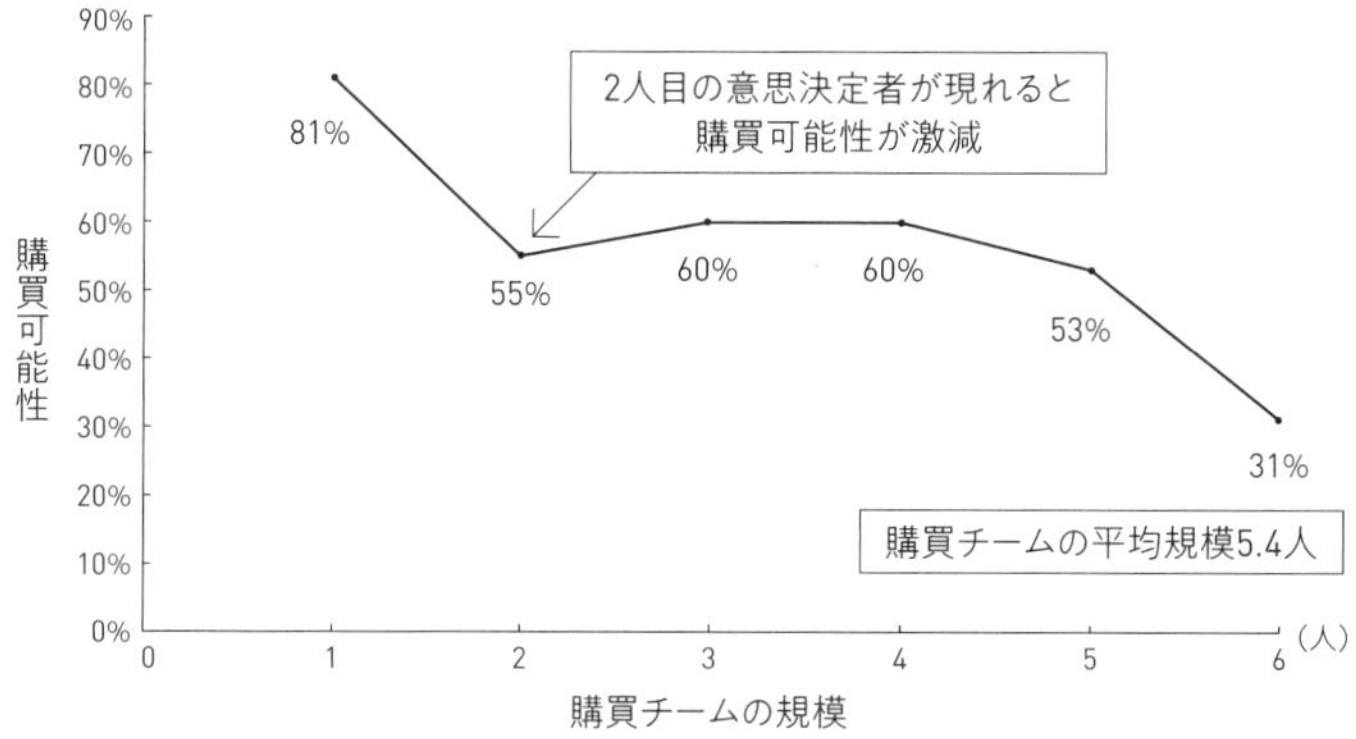

出典:『隠れたキーマンを探せ!』(マシュー・ディクソン他著、神田昌典監修／実業之日本社)

具体的には、手っ取り早く、なんでもいいから必要な商品を選ぶのではなく、将来、どのような状況になったときに、顧客は満足するのか、を考える。そのように、**満たされた未来から逆算しながら、顧客とともに深く考える機会を持つ**ことによって、成約率は大きく引きあがる。

そうした「逆算」の接客に切り替えた結果、**来店客の成約率が3割から6割へと倍増**した会社がある。長野県松本市のロイヤルオートサービスだ。

同社は、新古車を中心に販売する地域有数の自動車販売会社。来店客が欲しいという車を、いわれるままに売っていたのだが、2年ほど前から、家族のライフスタイルをじっくり聞き、ニーズをつかんだ上で最適な車を提案することに切り替えた。

逆算の接客により、成約率が倍増した自動車ディーラー

顧客が欲しいという車を売って何が悪い、と思うかもしれないが、実は、その売り方だと、購入して即売却となるケースが目立ってきた。

「自分の趣味で選んだ車を買い、妻とケンカ」「子供が生まれるのに、かっこよさにつられ、子育てに使いづらい2シーターの車を買った」などがその典型だ。

買ってから初めて、本当に欲しい車のスペックや機能に気づいても、時すでに遅し。すぐに売れれば多少のお金は回収できる、と顧客は即売却をしがちだ。

そこで同社が心がけたのが、「家族の幸せな未来から逆算する」ことだ。「どのような場面で使うのか」「どのように家族で車に乗るのか」などをヒアリングし、車を買って家族が得たいメリットを、来店客と話し合うようにした。

すると顧客は、自分以上に自分の家族のニーズを考えて提案してくれる店員を深く信頼。成約率は一気にあがったというわけだ。

さらに、ロイヤルオートは、この「逆算」の売り方は、自動車以外にも使えることに気づいた。そこで始めたのが「おうちの相談窓口」だ。

顧客からライフスタイルを聞き出し、家族にとってベストな家と住宅メーカーを提案する。メーカーからの販売謝礼を収入源とし、顧客は無料で相談できるようにした。すると家など売ったこともない20代の社員が家を売れるようになった。

売り手が、買い手以上に広く長い視野で、買い手の幸せを想像できたとき、買い手と売り手とは信頼でつながる。すると、成約率があがるばかりか、住宅や保険なども売れ始めた。

こうした接客の仕方は、社員にとってもやりがいが持てることだ。かつて**マニュアル通りの接客をしていたときと比べて、社員の定着率も高まった。**

また、これまでまったく協力関係のなかった自動車事業部と住宅事業部が、「お客様の幸せな未来を実現する」というモットーで一致し、協力して商品を販売するようになった。会社の一体感までも生み出したというわけだ。

今まで成約率をあげる典型的な方法といえば、ロールプレイングだった。応酬話法といって、顧客が成約から遠のかないように、顧客の懸念を払拭するように、営業スタッフは、何回も繰り返して練習する。少しでも結果がいい営業話法があれば、誰もがそれを取り入れ、同じように話せる練習をする――。

確かにその手法は、トレーニングされていない営業スタッフをある程度まで、顧客対応できるようにする上では、効果的だ。

しかし現在、そうした**画一的な売り方によって、営業スタッフは、接客の喜びを感じられなくなっている。**

理想の未来から逆算しながら、購買に向けて、顧客自ら最適な決定ができるように促すファシリテーション型の対応ができるようになったとき、成約率は飛躍的にあがる。

そして何よりも、それは、一過性の「経済」取引ではなく、次の段階での「協力」関係へとつながるのである。

The Marketing Journey Milestone 24

☑ 顧客にとってベストな購買判断をサポートする営業法に取り組んでいるか？

第7章

エリア⑦【協力】

顧客を創造するために、仲間と結束する

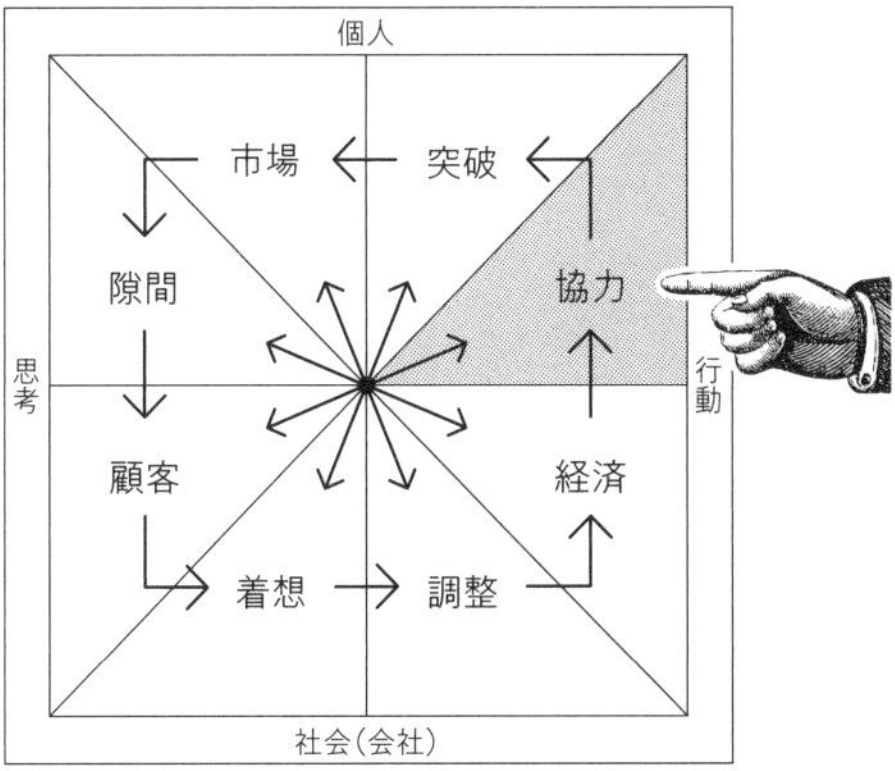

まったく同じ商品が、突如売れ出した。そのワケとは？

商品やサービスは今までとまったく変わらない。しかし、たったひとつのポイントを変えたところ、ある日、突如として売れ出した――。そんなことは現実に起こりうる。

そうした事例に共通する、たったひとつのポイントとは何か。

それは、「誰と手を組むか」だ。

手を組むというと、取引先や代理店を真っ先にイメージするかもしれないが、対象はそれだけではない。社員やお得意客など、あらゆる人や企業を含んでいる。

ある地方の住宅メーカーを例に挙げよう。

同社は30年以上の歴史を持つ地域密着の住宅メーカーで、数年前に、二代目社長が後を継いだ。

代替わりしてからは、太陽光発電や省エネ構造の家に力を入れ、先代と異なり、広告を積極的に出すことで、地域シェアナンバーワンに成長した。ところが、競合他社も同じような商品と広告で追随し、差別化が難しくなってきたという。

どうすれば再び成長できるか？　広告のキャッチフレーズを変える、ウェブサイトを変える、新しいマーケティング・ツールを使う……。

社長は悩んだ末、まったく違った方法を選択した。

手を組む人を変えたのだ。

ひと言でいえば、新規顧客をどんどん集めるのではなく、既存の顧客や社内の職人と手を組むようにしたのである。

自社の現状を振り返ると、見逃していたことがあった。それは、広告を積極的に打っていた今も、新規顧客の3人にひとりは既存顧客の紹介によって獲得していたことである。先代のときに家を建てた人の子供が成長して、家を建てる世代になり、紹介するケースも多かった。

二代目は、先代の残したものには頼りたくないからと、先代とは別のことをして、新規顧客を獲得しようとしていた。しかし、丁寧な仕事をしてきたベテラン職人たちも、他社にはいない、貴重な人材であることに気づかされた。

二代目は、こうした身近な財産を再認識し、「温かいのは家だけではなく、既存顧客や職人もそうだった」と気づいたのである。

それを機に、二代目社長は、マーケティングの対象を、新規客から、すでに自社で家を買ったことがある既存顧客へと変えた。

そして、自社の訴求ポイントを、エネルギーコストゼロだけではなく、ありとあらゆる要素を従来の1・2倍向上させ、それを12要素合わせると10倍は品質が上がる、という売り出し方に変えたのである。それに伴い、長年同社を支えてきた、熟練の職人の技量もアピールするようにした。そうすれば、「自分の子供にも安心してすすめられる」と既存顧客に受け入れられると考えたのだ。

このように、市場でのポジショニングを変えることで、広告費を下げられ、粗利率が上昇。地域トップシェアの会社にふさわしい、品のある営業スタイルに転換できた。人との組み方を変えることで、他社には簡単にマネできない自社だけの強みに基づくビジネスモデルが完成したのである。

ここで、勘のいいあなたは、お気づきになっただろう。

そうだ、会社の内側で「協力」をとりつけることは、その対極――すなわち「顧客」との関係性も、改善していくということだ（図7－1）。

このようにマーケティング・ジャーニーは、段階を進むごとに、かつての活動が、すべて相乗効果を持ってくる。

重い車でも、弾みがつくと一気に加速し始めるように、このようにすべての段階を体験するマーケッターは、組織を率いるリーダーになる上で、必要な技量をすべて身につけられることになる。

[図7-1]
「協力」の対極は「顧客」

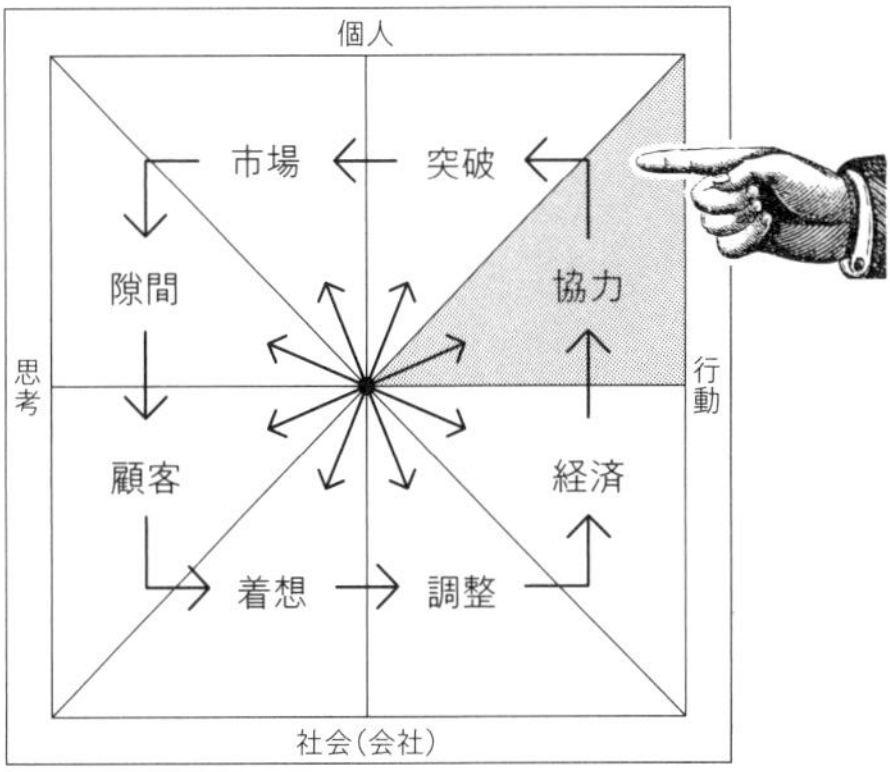

第7章では、さまざまな「手の組み方」の例を紹介していく。あなたも誰と手を組めば、最強のビジネスモデルを完成させることができるのか？　よく考えながら、お読みいただきたい。

協力エリア

マイルストーン 25

仕事のシンプル化で、誰もが社会参画できる仕事場を作る

「切って、切って、ぐるりんぱ」

「握ってぎゅ、握ってぎゅ」

この合言葉で、生産性が4倍にあがり、ヒット商品も生まれたといったら、信じるだろうか。

これは、ある障がい者支援施設の実話だ。この施設には菓子工房があり、障がい者が焼き菓子を作っていた。しかし仕事をなかなか覚えられず、ひとり当たりの生産量は1日2000円分程度しかなかった。

そんな菓子工房を劇的に変えたのが、「3pm（さんじ）」代表の横田美宝子さんだ。

この店が提供するのは、「eat the color（色を食べる）」をコンセプトにしたおやつ&デリ。フェアトレードのオーガニック食材を使い、薬膳の考え方を生かした料理や菓子などを製

造販売し、多くのファンを獲得している。私も仕出しの弁当をお願いしたことがあるのだが、フタを開けると、色とりどりの食材が目に飛び込んできて、まるで虹がかかったよう。それでいて、栄養のバランスもとれているので、安心して食べられる。

音やイメージで伝えることで、生産性が４倍に

その横田さんは、障がい者支援施設で、新たな菓子を作るため、指導に加わった。

横田さんの提案に、施設の職員は、とても驚いた。「これまで作った菓子よりもさらに難易度が高いケーキを作ろう」と言い出したからだ。

マーガレットを模したそのケーキは、上品な雰囲気が漂い、有名パティシエが手がけたかのよう。梅酒や大豆たんぱくなど多様な素材を用い、しっとりとした食感に仕上げる必要もある。障がい者に難題を押しつける結果になるのではと、誰もが心配した。

しかし、横田さんには妙案があった。**作り方をわかりやすく伝えれば、障がい者も楽しみながら、できる**はずと考えたのである。

そしてたどりついたのが、冒頭の「合言葉」だった。

「3回こねて……」などとマニュアル的に指導するのではなく、生地をこねたり切ったりする方法を音やイメージで伝えたのだ。

この方法は見事にハマった。これまで覚えるのに苦心したのが嘘のように、皆、スムーズに作業をこなせるようになったのである。

障がい者たちは自信を持ち、他の仕事にも意欲的に取り組み始めた。それまで昼の休憩に入ると、多くの人が午後の始業に遅刻していたのが、定時に戻るようになった。

結果、生産性はぐんぐん向上。ひとり当たりの生産量は1日8000円と4倍になった。マーガレットケーキの仕上がりのよさから、今では、三越や高島屋といった百貨店の催事で売れるヒット商品に成長している。このように「手を組む」を考えたとき、障がい者もまた、**社会に価値を提供する上での、強力なパートナー**となる。

障がい者が高度なデジタル業務を請け負い、売上2倍の成果も

今までの常識では、障がい者が携われる仕事は、たとえば牛乳パックから再生ハガキを作ったり、手作りクッキーを焼いたりという単純作業に限られていた。

しかし、そうした内職的な仕事でなく、リスティング広告の設定・運用やコピーライティングといった仕事を障がい者に任せているのが、大阪・南船場のビジネス・ライフデザインだ。

そもそものきっかけは、代表・矢根克浩さんの知人がフリマアプリのメルカリで商品を販売するビジネスを始めたのを機に、その梱包と発送の仕事を請け負ったことだ。

その流れで、ネット上で商品の説明をするランディングページを作成する仕事を打診されたので、商品説明を書く仕事をする人を社内で募ったところ、4人の精神障がい者のスタッフが手を挙げたそうだ。

誰もノウハウを持っていなかったが、メルカリで売れている商品の紹介文を分析したところ、「強化」「後押し」「行動」というキーワードが見えてきた。それをもとに、**商品説明のひな型を作成、スタッフに文章を書いてもらったところ、精度の高い商品説明文ができあがってきた**という。

量稽古を重ねると、どんどんクオリティがあがり、今では、優れた感覚のキャッチコピーをどんどん生み出すスタッフが複数いる。**クリック率が倍になったり、売上が倍になったり、**と成果にも結びついているそうだ。矢根さんとスタッフは、「障がい者は複雑な仕事ができない」というこれまでの常識を完全に覆してしまった。

このように、横田さんも矢根さんも、複雑な仕事を誰にでもできるようにシンプルに変えたことで、障がい者と手を組み、そして社会を変える挑戦をしている。

本人たちには、そうした意識はないかもしれないが、私は、彼らがやっている行動こそ、マーケターの見本であると思う。なぜなら、**複雑な概念をわかりやすく表現することで商品価値を社会に広げていく**ことが、マーケターのスキルであるが、彼らは、同じスキルを使いながら、**働き手の価値を社会に広げている**からである。

売上をあげるという地味な日々の作業の先に、どんな未来が見えているのか？

横田さんや矢根さんは、障がい者が活躍する未来を描いていた。そのような社会的視点を持てば、ありとあらゆる相手と手を組めるようになる。

The Marketing Journey Milestone 25

☑ **プロにしかできない複雑な仕事を、誰にでもできる簡単な仕事に変える**

協力エリア

マイルストーン
26

スターを創り出すために、会社と顧客が協力関係を結ぶ

「最近の若者は服に興味がなくなった」とアパレル関係者は嘆くけれど、ＷＥＧＯ（ウィゴー）の急成長を見れば、誰もが口を閉ざす。

ＷＥＧＯは、１９９４年に創業した、10代・20代に人気のカジュアルブランドだ。古着ショップから始まり、どちらかといえばファストファッションのカテゴリーと見なされていたが、２０１４年、業界誌「ＷＷＤジャパン」の好きなブランドランキングで第１位に躍り出た。それまでランキングにあがっていたのは、国際的デザイナーが最先端のセンスで競うモード界の著名ブランドばかりだったので、ファッション界を驚かした。

その後、毎年ＷＥＧＯの年商の伸びが、業界新聞の一面トップで報道されるほどの、快進撃。店舗数は、２０１８年２月の時点で１９１店舗に拡大、年商は約10年前の45億円程度から、２０１８年には３６７億円に達した。

WEGO成長の原動力は何か？　急成長を始めた当時、創業者の中澤征史さん（元会長）に尋ねたところ、答えは、曖昧。他社と大きく異なるデザインの服を扱っているわけでもなければ、値段がものすごく安いわけでもないという。

しかし、中澤さんに誘われて、WEGOの、創業20周年イベント「原宿コセイEXPO」に出かけ、顧客との交流を目撃したところ、その成長の秘密が見えてきた。

それは、もはや**アパレルを超えたビジネスモデル**だった。WEGOの本質は、ユニクロのようなファッションのSPA（企画から製造、小売までを一貫して行うアパレルのビジネスモデル）ではなく、**若者が思い切り自己表現できる一種の「メディア」**だったのだ。

カリスマ店員を次々と輩出するのは偶然ではない

実は、WEGOには、読者モデルをしている有名なカリスマ店員がたくさんいる。

特に有名なのは、こんどうようぢさん、古川優香さん。ふたりとも店員を卒業して、本格的なモデルとして活躍しており、古川さんはツイッターのフォロワーが95万人近い人気者だ。まだ店員とモデルの二足のわらじを履いていた頃、ふたりがWEGOの洋服についてツイートすれば、フォロワーがこぞって商品を買いに来ていた。

ただ、カリスマ店員がたくさんいるのは、偶然ではない。WEGOはレキシントンという芸能事務所を持ち、人気店員や読者モデル（読モ）のプロデュースをしている。ソニー・ミュージックエンタテインメントと組んで、読モが結成した音楽グループをバックアップもしている。また、自社でファッションショーもするが、主人公はデザイナーではなく、カリスマ店員だ。20周年イベントでも、ツイッターの発信だけで、一瞬で観客が1000人は集まり、店員モデルが出てくると、黄色い歓声で大騒ぎになる。

要するに、WEGOには、**人気の店員から、カリスマモデルやスターになれる階段が整っている**のである。WEGOというメディアで働くこと自体が、自己表現の舞台になっている。だからまた魅力的な店員が集まってくるのである。

そして、入店すると、ツイッターなどで洋服のコーディネートなどの情報をどんどん発信し、**店と自分の両方をアピール**するわけだ。直接触れ合うことで、お客は店員のことを等身大の先輩や友だちのように思い始める。

アメリカのコンピュータ科学者であるアレックス・ペントランドの『ソーシャル物理学』（草思社文庫）によれば、**リアル世界での交流を持つ友人からのメッセージは、ネット上**

だけで登録した友人からのメッセージよりも、4倍も大きな影響力があるという。

グローバル・ブランドが並ぶランキングの中で、人気ブランドのトップとなり、爆発的に売上が伸び始めた背景には、まさに、このメカニズムがある。

WEGOは、読者モデルだけではなく、渡辺直美さんや若槻千夏さんを始めとした人気タレントのブランドをプロデュースしてきた。これもタレントが、デザインを通して自己表現する世界的な舞台を提供してきたともいえる。

このようにWEGOというメディアを通じて、魅力ある、個性的な人材が、次々にスターダムにあがっていく階段が構築されていることに、WEGOの強さの源泉がある。

もはや顧客は、会社が提供した商品を消費するだけの存在ではない。そして社員もまた、会社が提供した商品を販売するだけの存在ではない。なにか輝くもの――**スターをともに創り出していくプロセス自体が磁力になって、人々を魅了する**ようになったのである。

The Marketing Journey Milestone 26

☑

あなたの会社では、
社員、そして顧客から、どんなスターを生み出すか?

協力エリア

マイルストーン

27

お祭りをきっかけに、異業種コラボを加速させる

見込み客を集めるツールのことを「リードマグネット」という。

ネットで無料で提供するリードマグネットには無料レポートやサンプル品、オンラインセミナーなどがあるが、特に効果的なのは、イベントチケットだ。

なぜイベントがいいかといえば、実際にリアルな体験であり、ネット上の体験と比べて記憶に残りやすいからだ。また、ネットであれば、ながらで見たり聞いたり読んだりされてしまうが、**リアルなイベントは集中して見聞きするし、人的な交流も生む**からである。

このようなイベントを通じて見込み客を集めることは、盛んに行われている。

シリコンバレーで、その先駆けになったのが、セールスフォース・ドットコムが運営する「Dreamforce」である。X JAPANのYOSHIKIや、ニール・ヤングのコンサートまで行われる大イベントで、毎年20万人以上の来場客を集めている。

実は、こうした**全世界的な見込み客を集めるイベントフォーマットは、日本人が生み出した**ものだ。日本オラクルの初代CEOである佐野力さんが、オラクルで働き始めたとき、「小さなセミナーを年間にバラけてやるのは効率が悪い」と幕張メッセという大きな会場を借りて、大イベントを実施した。当初、本社からは猛反対されたそうだが、地味なシステムのイベントに数千人が来場し、親子連れまでいたという。これがマーケティング手法として当たったことで、全世界に波及。シリコンバレーのベンチャー企業が法人向けのリード（見込み客）を集めるための、典型的なフォーマットとなった。

なぜ「ベンチャー生態系」といわれるのか？

「マーケティングネーション」も、そうしたイベントのひとつ。マルケトというMA（マーケティング・オートメーション）分野でのリーディングカンパニーがラスベガスで開催しているイベントだ。私も参加したのだが、全世界からマーケッターが集まってきており、「ベンチャー生態系」といわれる理由がよくわかった。

MAに関連するサービスを手がける企業が100社以上集まって、ブースを構えてい

［図7-2］

マーケティングネーションにおける、
タレント講演

ブースの出展状況

る。ひとつの基幹的なサービスのもとに、枝葉となるサービスが無数にでき始める。そして、どんなに小さな枝葉でも価値がつくので、大企業への売却チャンスが頻繁にある。だから、この生態系が成立するわけだ。

　つまり、**このイベントは、顧客だけでなく、関連分野の企業や投資家に注目されるチャンス**なのである。

　こうしたフェスティバルは、もはやビジネス界でのお祭りで、ライブコンサートあり、クラブでのパーティありの、賑やかな学びのエンターテインメントであるが、裏では、綿密にデータで管理されている。

　たとえば、マーケティングネーションの

イベント集客のデータを見ると、12週間前と比較して、次のような数値を記録している。

・ウェブサイトへの訪問者数が19％増加
・初回キャンペーンのインプレッション8万767、クリック率566、CTR1％
・ツイート数　162％アップ、インプレッション　97％アップ
・メディア記事　89％アップ
・ブログ訪問者数　37％アップ

開催中のリアルなデータもとられている。イベント中は、ありとあらゆる分科会が同時並行で開かれているのだが、その入退出管理もスマホで行われていて、セミナー受講率やアンケート調査結果などのデータも収集されている。ブースを構えた参加者には、翌日には見込み客リストが提供されるという状況だ。

イベントを通じて、あなたの会社はなくてはならない存在になる

[図7-3]
プラットフォームビジネスの構造

こうしたイベントを主に行っているのは、プラットフォームビジネスを展開している会社である。プラットフォームビジネスを図式化すると、図7－3のようになる。

基幹となるテクノロジーがあって、その上で、サービスを提供する側とサービスを利用する側が交流しながら取引をする。

たとえば、エアビーアンドビーなら、部屋を利用する側と部屋を提供する側があり、お互いの交流が盛んになればなるほど、データが蓄積されていく。このデータを分析することにより、今まで満たされることがなかった新しいニーズが発見され、新サービスが開発・創造されることになる。そのためには、基幹となるサービスを継続し続けなくてはならない。だからこそ、会社をあげての楽しいお祭りが定期的に必要になってくるのだ。

イベントを戦略的に企画・実行していくことは、**見込み客を集めることに加えて、継続的利用を促進することで、生涯価値を最大化**することにつながる。

それだけではない。顧客との交流が盛んになり、多数のコラボ事業が周囲で生まれるから、あなたの会社が、あなたが取り組む分野においてなくてはならない存在になっていくのである。社内の結束を固めることにもつながっていく。

それでは、あなたにも、考えていただきたい。

あなたの協力者同士が出会える場を作るために、どんなお祭りを開催したらいいだろう?

The Marketing Journey Milestone 27

☑ **分野トップを目指すなら、今から「○○フェス」を準備しよう**

協力エリア

マイルストーン

28

留学生と組むことで、6カ月で地域経済を活性

デジタル技術によって、今、世界は、驚くほど小さくなった。

ほんの少し前まで、「世界に挑戦するぞ」というと、デッカい目標を持っているなと思われたが、今や意気込む必要すらない。自分たちは、何も変わらなくても、観光客が訪れる。

国の統計によると、２０１９年の訪日外国人の数は３１８８万人で２０１２年の８３６万人と比べ、３・８倍以上の増加。消費総額は４・８兆円で、２０１２年の１・０８兆円と比べ、４・４倍以上も増えている。２０３０年までには、訪日外国人数６０００万人、消費総額15兆円が目標だから、それが実現すれば、10年強で、外国人が倍に増え、消費総額は３倍強にふくれ上がるわけだ。つまり、**あなたが世界を拒否しない限り、世界があなたに近づいてくる**のは、時間の問題だ。

「このまま外国人に取り込まれてしまえば、日本の良さ、地域の良さが消えてしまう」と、慎重になる向きもあるが、一方で、**観光客や留学生をきっかけに、故郷の魅力や伝統を再生する、最高のチャンス**が訪れていると考える地域もある。

日本初の町立日本語学校で、外国人を巻き込む

たとえば、外国人留学生を巻き込んで、町おこしにつなげているのが、北海道の東川町だ。

東川町は、北海道のほぼ中央に位置する、大雪山国立公園の麓に広がる町。旭川空港から車で約13分、旭川駅から電車で約22分と交通の便も悪くないが、人口は８３８２人（２０１８年12月現在）にとどまっている。

この小さな町の商店街が、ある一枚のカードによって、復活した。それは、「東川ユニバーサルカード（ＨＵＣ）」というＩＣ式ポイントカードである。もともとポイントカードはあったが、２０１７年11月にリニューアル。**導入からほんの半年たらずで、町民の約８割に普及**した。

そのスピード普及の秘密のひとつは、留学生に対して、奨学金をポイントにして、HUCに入れて提供していることだ。

東川町には、日本初の町立の日本語学校があるが、その**留学生約200人に、月8000円分の奨学金をポイントで提供**している。

たった200人と思われるだろうが、人口8000人台の、小さな町の経済を活性化する上では、バカにならない額だ。

もちろん、ポイントが使えたり、得られたりする機会も、地道に増やしていった。このポイントは、小売り、飲食、リフォーム、理・美容、金融機関など、110ほどの加盟店で利用可能。「体育館やプールを有料で利用」「文化センターの講座に参加」など、町内の施設利用やイベント参加でもポイントがたまる。カードが使えるネットワーク規模を考えると、分散型のイオンモールやテーマパークができたようなものだろう。

こうした努力によって、HUC導入後、カード使用量は旧カードの5倍になり、**経済効果で換算すると半年足らずで2億2000万円**にもなった。

HUC導入を仕掛けたのは、前職の外資系医療機器メーカーで財務トップだった定居美徳さんだ。町おこし協力隊で初めて東川町を訪れたとき、明るくあいさつする小学生にノックアウトされ、家族で移住を決意。東川町のＣＦＯ（最高財務責任者）に就任し改革を進めた。

松岡市郎・東川町長の存在も大きい。**「予算がない、前例がない、他の自治体がやっていないことを理由にするな。やっていないからチャンスがある」**と就任以来、発揮してきた強力なリーダーシップがあったから、定居さんも思い切った挑戦ができたわけだ。

地方の商店街にとって降って湧いたかのような増収も実現したが、ＨＵＣの効果はこれで終わらない。

最近では、北海道のベンチャー企業による、地域通貨・電気自動車・再生エネルギーを組み合わせた次世代交通プロジェクトと出合い、ポイントと自動運転バスとを連動した全国の地域活性化に向けて協働するなど、新しい取り組みに乗り出している。留学で訪れた外国人が、町で働くようになってくれれば、人手不足が軽減され、さらに町は賑わうだろう。

このように東川町では、小さな町だからこその、さまざまな実証実験や新しい事業に取り組んでいる。

私たちが考えるべきなのは、プロジェクトを立ち上げる上で、いったい誰と手を組むかである。**手を組む相手が、自分から遠ければ遠いほど、その影響は大きくなる。**

東川町のＨＵＣが、「世界的（Universal）」という言葉を含むことからわかるように、この企画は、最初から世界を想定していた。どんな小さなプロジェクトからも、誰と手を組むかで、たった半年で、世界に影響を与えられる時代に、私たちは生きている。

The Marketing Journey Milestone 28

身近な外国人と組んで、新しい世界を創ろう！

第8章

エリア⑧【突破】

事業成功は、社会建設へのアプローチ

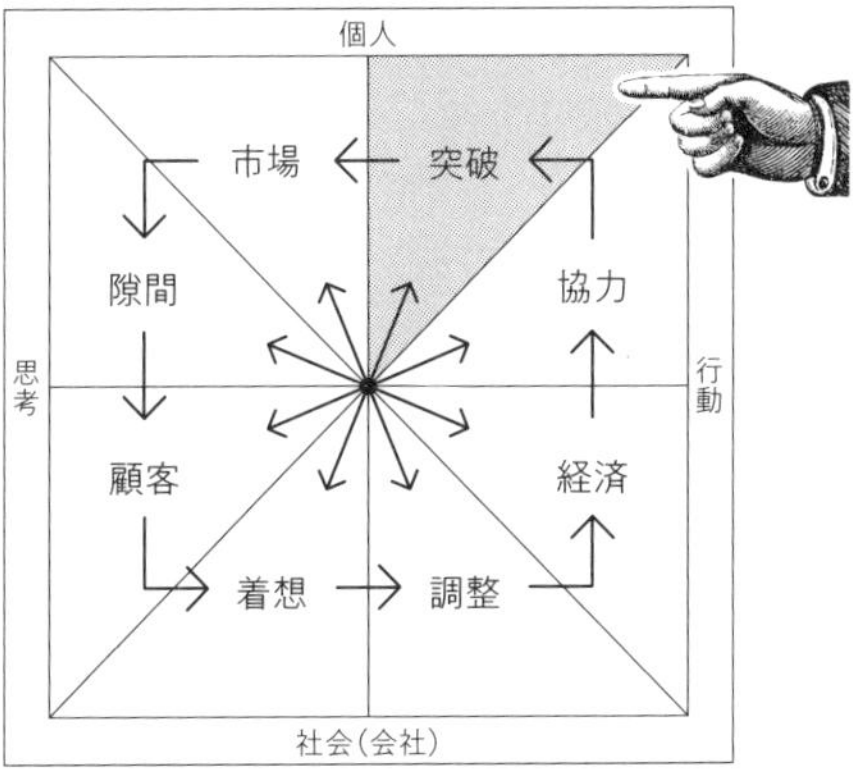

顧客満足では不十分。今、求められることとは？

マーケティング・ジャーニーの、最終段階は、「突破」。

これは、「顧客成功（カスタマーサクセス）」の段階だ。

これまでは、顧客満足（カスタマーサティスファクション）を実現できれば、マーケッターの仕事は完了だった。

しかし、もはやそれでは不十分。顧客成功が重視され始めた。

なぜ、顧客満足から顧客成功へと変わったのか？

その理由は、満足だけでなく、成功するまでしっかりと顧客をフォローしなければ、ビジネスモデルが成り立たなくなったからだ。

数字を挙げて説明しよう。あくまでも一般的な数字だが、あなたがひとりの顧客を獲得しようとした場合、必要な広告費はざっくり７０００円から２万円ぐらいかかる。そして当然、ものによって異なるが、顧客はあなたを信頼する前から何万円もの買い物はしない。初めての取引は、5000円以下の売上であることが多いだろう。

すると、すぐにわかるように、売り手は完全なる赤字。この顧客が商品・サービスを買って完全に満足していたとしても、赤字に変わりはない。だから、売り手は、買い手に2回、3回と買ってもらわないと、黒字にならないのだ。


ところが！　今の時代、あまりにも競争が激しくなり、顧客は、一度買い物をした会社を記憶にとどめておくことがなくなってきている。

そこで、経営を安定させるためには、定期購入（サブスクリプション）を促進させなければならなくなった。

そして、このビジネスモデルを採用した会社が、軒並み業績をあげ始めた。具体的には、ネットフリックスやアマゾンプライム、アップルが提供するiCloud。さらには、あなたが使っている自然食品、アプリやゲームも、定期的に課金されることが多くなっているのでは？

売り手側は、定期的に売上が立つことが見えると、計画が立てやすくなり、商品品質や顧客対応により積極的に投資できるようになる。定期的な売上は、経営安定化の面で大きなメリットを持つのだ。そこで、さまざまな会社が、このサブスクビジネスを導入し始めた。

しかし、ここで、新たな問題が起こってきた。サブスクリプション契約をしたとしても、長く続かず、数回使っただけでどんどん離脱。つまり……サブスク離れが起き始めたのだ。

そこで、売り手側が、次に考えたことは何か？

そう、売っただけで終わりではなく、顧客が当初期待した効果を得る——成功するまでお付き合いすることだ。顧客が成功することが、企業が成功する条件になったのだ。

顧客が成功に至るまでの一連のプロセスを管理するのは、想像以上に大変だ。

ARPDAU（＝Average Revenue Per Daily Active User／アクティブユーザーひとり当たりの平均売上）、ARPPU（＝Average Revenue Per Paying User／有料ユーザーひとり当たりの平均売上）、ARPU（＝Average Revenue Per User／ユーザーひとり当たりの平均売上）を始めとした、何種類もの指標を使って管理を求められるようになった。いずれも発音しづらいし、覚えづらいし、誰が聞いてもわからないから、私は、これらの言葉が出てきたら、〝あっぷっぷ〟といって誤魔化すことにしている。

デジタルマーケティングの時代にもっとも大切なものは何か。

指標をもとにした管理ももちろん必要なものではあるが、私たちがデジタルマーケティングに精緻に取り組めば取り組むほど、結果、行き着くことになるのは、「どの顧客が、今どのような状態にあり、何を必要としているのか」を察知し、あれこれ心配して、手間をかけないように提案することだ。

これは、昔の商人が、馴染みの顧客に対して、当たり前のようにやっていたことである。

このデジタル時代に、往事の「当たり前」をやり切ったとき、それは、まったく当たり前のことではなくなる。

日々、地味な仕事のように見えても、あなた自身が取り組んでいることは、社会建設につながる偉業といっても過言ではない。必ずや誇りに思えるようになる日がやってくる。

突破エリア

マイルストーン

29

成約率よりも「Kファクター」

今や、もっとも重要視すべき指標は、成約率ではない。「Kファクター」だ――顧客データを分析するときに、そのように考える企業が増えてきている。

Kファクターとは、簡単にいえば、既存客が紹介してくれた客がどれだけ成約に結びついているかを表す指標だ。

たとえば、紹介キャンペーンで10人紹介されたうち、2名が成約すれば、K＝0・2となる。Kの値が高いほど、既存客が多くの新規顧客を紹介してくれていることを意味する。

なぜKファクターが重要かといえば、ひとつは、「紹介」に頼らないと、新規顧客を獲得するのに多くのコストがかかるからだ。最近は、情報爆発によって、商品やサービスの情報が、見込み客に届きにくくなっている。ウェブやテレビなどで大々的に広告を打たなければ、情報の山に埋もれてしまうが、その分、広告コストは跳ね上がる。

しかし、既存客に口コミで広めてもらえれば、広告費も営業の人件費もかからない。実際に商品・サービスの体験談を話してもらえるので、見込み客はすでにある程度商品のことを理解していて、成約する確率が高い。いいこと尽くめだ。

この指標を把握すると、顧客に対する行動が１８０度変わる。

たとえば、私はある自然食品を愛用し、ユーザーを何人も紹介していたところ、その会社は私に、サンプル品を常に送るようになった。アクティブに紹介する人を見極め、紹介しやすいようにしているのである。

ところが、同業種の別の会社の社長は「紹介キャンペーンをしてもまったく効果がない」と信じて疑わない。数値で把握していないので、私のような「ヘビー紹介客」の存在が見えないようだ。**この2社の差は、後々、挽回不可能なほどに大きく開いていく**だろう。

「オンボーディングプログラム」が「Ｋファクター」を高める

紹介者を増やす上で（Ｋファクターを高める上で）、もっとも効果的な手は何か。それは、この章の冒頭で説明した顧客成功（カスタマーサクセス）を実現することだ。

ただ商品を売るだけでなく、伴走まですることで、顧客を目標達成に導くことができれば、その顧客は会社のファンになり、一生その会社のことを忘れない。そして、特に会社側から働きかけなくても、周囲の人に、その会社のことを勝手に宣伝してくれるだろう（顧客成功を成し遂げるから、宣伝してくれる）。

顧客成功を実現し、ファンになってもらう方法はさまざまだが、最近では「オンボーディングプログラム」を行う企業が増えてきている。

これは、**契約した顧客に商品・サービスを日常的に使ってもらうよう、習慣づけするプログラム**だ。

たとえば、最近のデジタル機器は複雑なので、シニア層は、せっかく買ったのに、ほとんど使い切れていないということがよくある。下手をすると、初期設定すらできず、まったく使えずに挫折することもあるぐらいだ。そういうお客様でも、挫折することなく、商品を使ってもらうためには、丁寧に初期設定の仕方や使い方を教えることが欠かせない。

そうしたサポートを、生身の人間が現地におもむくのではなく、自動プログラムで自動的に行うのが、オンボーディングプログラムだ。比較的簡単に導入できるので、導入企業が増加。成功事例も見られるようになった。

具体的に、ある法人向けクラウドサービスのプログラムの例を挙げよう。

このプログラムでは、契約日に最高経営責任者（ＣＥＯ）から顧客に感謝のメールが送られ、担当者からもメールが送られる。そこで紹介されるのは、サービスを使い慣れてもらうためのプログラム。「１カ月後まではこのぐらいの頻度でサービスを活用しましょう」と目標を設定し、達成をサポートする。

そして契約２日後には、ＣＥＯから社名入りマグカップが贈られる。感謝の意味もあるが、真の狙いはこのマグカップを使ってもらうことで、顧客の心に、会社をより印象付けることだ。こうして、あの手この手で**顧客の日常生活に入り込む**わけだ。

このプログラムによって生まれる顧客とのやり取りや成果などのデータを集めて、ＡＩで分析。顧客が目的を達成するために必要な情報や提案を導き出し、随時提供する。こうして**商品・サービスの使用継続率を高めていく**というわけだ。

私の会社でも、オンライン講座に関して、オンボーディングプログラムを導入したのだが、プログラムを行う前と後で比べると、受講生の活動量が4倍ほど増えた。コメントの量や宿題の提出量などがまったく違うのである。それによって、講師側はものすごく作業が増えるのだが、それだけ濃密にやり取りをすると、受講生たちは他の講座をリピートしてくれるし、周囲の人に講座のことを紹介してくれるので、事業として非常に健全な状況になっている。

既存顧客との関係性は採用にまで影響を与える

このように、オンボーディングプログラムなどを使って、既存顧客とリレーションシップをしっかり築いていると、思わぬメリットが舞い込むことがある。商品を買ったお客様が、単に知人を紹介してくれるだけでなく、自社の社員や販売パートナーになって、本気で協力してくれるのである。

「ネスカフェ　アンバサダー」は、そのひとつの例だ。このプログラムは、職場を代表して、ネスカフェのコーヒーマシンを無料で借りる人（アンバサダー）を募集するプログラムで、職場の人にネスカフェの宣伝をしてもらうことを狙っている。2019年の時点で、累計

45万件の申し込みが入っているそうだが、ネスカフェのファンを巧みに活用しているといえる。紹介の効果を考えれば、マシンを無料貸与することなど、わけないことだ。

実は、私の会社も、社員の半分は、かつてお客様だった人だ。だから、人材会社を利用して、採用をかけて入社した社員は、ほぼいない。わが社の企業文化を理解した上で入社しているので、業務に対する理解も早く、すぐ辞める人も少ない。

最近は、売り手市場で、簡単に辞めてしまう人が増えているというが、もともとお客様だった人は、なかなかやめにくいというわけだ。

Kファクターを高めることは、**新規顧客の開拓にとどまらず、経営全般に多大な影響を与える**といっても過言ではない。言い換えれば、**もはや企業経営は、マーケッターの手腕ひとつにかかっている**のである。

The Marketing Journey Milestone 29

オンボーディング、Kファクターを社内の共通言語に

突破エリア

マイルストーン

30

オンライン飲み会で、手軽にコミュニティ作り

顧客を成功に導いていくために、私は、ある方法を実験してみた。

やってみて、「これは流行る！」と確信。効果的であるばかりではなく、実に楽しい。

まだ実験段階ではあるが、真っ先に、本書の読者にお話しする。

「あること」とは、「オンライン飲み会」。

「Ｚｏｏｍ」のようなテレビ会議アプリを使って、複数のメンバーとネット上で飲み会をすることだ。予想以上に盛り上がり、そこに参加していた私のクライアントのうち、少なくとも10人が、それから1カ月以内に、それぞれ別個にオンライン飲み会を行っていた。

それだけ伝染力が強いイベントだ。

具体的には、どうやったか？

まず、私のオフィスの会議室に集まったメンバーと、各都市の会議室に集まったメン

バー、そして自宅から参加するメンバー同士をつなぐ。その時点で、すでに全国ネットワークだ。それぞれが好きなお酒を持参して、飲み会を行うのだ。ちなみに、ある会議室には、サプライズでワインボトルを送っておいた。

地域や事情の制約がゼロになる

オンラインミーティングならともかく、飲み会をやって盛り上がるのだろうか……という心配は、開始から1分も経たずに、消え去った。地域を越えて、お互いが酒をつぎ合うようなノリで、話がつきない。あっという間に2時間が過ぎたのだった。

オンライン飲み会の長所は、なんといっても、**住んでいる地域や家庭の事情などの制約がある人でも、参加しやすい**ことだ。日本全国はもちろん、海外からも参加できるし、小さな子供がいたり、介護が必要な身内がいて、外出しにくい人でも、気兼ねなく参加できる。子供に関しては、一緒に参加してもらっても、まったく問題がない。

また、わが社では、ミーティングだと顔出しを基本としているが、オンライン飲み会の場合は顔出しNGでもOKとすることで、参加者の裾野が広がった。お風呂上がりでパジャマ姿でも、ノーメイクでも参加できる。

帰りに運転代行を頼んだり、終電に急いで乗り込んだりする必要もない。

さらに、飲み会ならではの苦痛も大幅に軽減される。お酒が減っていないかどうか、気配りして注ぐ必要もなければ、酔っぱらいに絡まれることもない。嫌なことがあったら、あっさり立ち去ればいい。

一方、カメラがついているので、やろうと思えば、家族を紹介し合うようなこともできる。単なる仕事の仲間としてだけではない、**親密な関係を結べることもある**わけだ。また、オンラインで仲良くなれば、オフラインでも会いたいとなり、実際に会えれば、すでに旧知の友人と再会したような感覚になるだろう。

今後、爆発的にヒットするオンライン飲み会のアイデア

このような「オンライン飲み会」の経験を通じて、私が実感したことは、**今や会社の同僚といった近くにいる人よりも、同じ興味を分かち合える遠くの人のほうが、仲良くなれる、**ということだ。

パワハラ、セクハラ、モラハラ、マタハラなど、ありとあらゆるハラスメントにハラハラする中、利害関係がない人同士が参加する、**リラックスした場でコミュニケーションをとるニーズ自体は高まっている**ことを感じる。

私は毎週月曜日朝8時からオンラインで「朝活」を開催しているが、こちらも開始1カ月半で100人が参加し、**継続率も96％**に達している。このデータだけでも、コミュニケーションのニーズの高さが実感できるだろう。オンライン飲み会もまた、そのスキマを埋める役割を担うに違いない。

おそらく、今後、爆発的にヒットするのは、**女性のオンライン飲み会**だ。子育て中の女性が、子供が寝静まって、旦那さんが帰ってくるまでの間、飲みながら子育てや副業の情報交換をするということが、当たり前のようになるのではないか。場合によっては、企業スポンサーがついて、商品モニターを組み合わせるといったことも出てくるかもしれない。

ビジネス交流会のようなオンライン飲み会も、いずれ一般的になるだろう。

単にビジネス情報が飛び交うだけでなく、雑談の中でビジネスアイデアが生まれることも出てくるはずだ。その重要性がわかっている人ほど、オンライン飲み会を主催するのではないか。

もっとも、ただ単にオンラインでつないで飲み会をするだけでは盛り上がるとは限らない。リアルの飲み会同様に、オンライン飲み会にもファシリテーターや幹事のような役割の人が必要で、その人がうまく話を振ることで、皆が盛り上がれる。そういう人たちの需要も今後高まっていくだろう。

オンライン飲み会でやり取りすれば、業種、業態、それから地域を越えたコミュニケーションが盛んになる。そこから発展し、多様な学び合いをし、協力し合い、新しいビジネスが生まれる可能性も高いだろう。

オンライン飲み会をちょっと体験するだけで、このような発想はどんどん浮かんでくる。あなたも、手始めに、知人とオンライン飲み会をしてみるだけでも、その楽しさを感じ取れるはずだ。

The Marketing Journey Milestone 30

☑ 顧客同士が成功に向けて協力し合える場を用意しているか？

突破エリア

マイルストーン

31

商品価値は、周辺から作られる

顧客成功を実現するには、**顧客をフォローし続けるためのコミュニティを形成**することも大切だ。

「顧客のコミュニティを作るには、時間がかかる」

「コミュニティを作りたいが、キャッシュポイントが見えない」

「コミュニティを形成しても、維持が大変」

といった理由で、ほとんどの会社は、商品の購入後、継続的にフォローする体制を構築できないのだが、それをやり切ると、どんな社会が生まれるのか？

そのひとつの事例としてご紹介したいのが、分譲住宅を販売するポラスグループの中央グリーン開発が手がけた、分譲プロジェクト「パレットコート北越谷　フロードヴィレッジ」だ。埼玉の元荒川に沿った水郷の地に、64棟の北欧スタイルの住宅を建設。販売開始後、1年足らずで、完売した。

「街並みを美しく整えて売る戦略」が成功したように見えるかもしれないが、その背景にある取り組みが、地道なコミュニティ作りだ。

完売の裏には、地道なコミュニティ作りがあった

分譲開発の企画が持ち上がった当初から、住民参加型のコミュニティ作りを始めた。「分譲地はみんなのもの」という発想の下、どうしたら住みやすく持続可能なコミュニティへと育てるかを模索するために「未来会議」を発足。

会議に参加する「まちづくりサポーター」を募集して、入居者だけでなく、地元住民や近隣の文教大学の生徒、行政からの参加者を巻き込んだ。

現在は、埼玉県越谷市の助成金も受けて、**官学産民が連携したプロジェクトへと発展**している。入居者交流会、親子で参加できる植栽ワークショップや公園芝貼りワークショップ、住民企画のイベントを中央グリーン開発がサポートする「マチトモ！」制度など、地

域の人同士が触れ合える、住民参加型プログラムを意図的にたくさん考案している。

ここまでの9行を読み直していただきたいが、正直、読むだけで消耗するほどの活動量である。しかも、住宅販売の売上につながるのか、めどが見えない。準備に時間もかかるし、住民との間に誤解も生じかねないし、地域の面倒な問題も持ち込まれてしまう。

しかし、同社の社員たちは、「サスティナブルなコミュニティは住む人を幸せにする」との企業のビジョンのもと、会社一丸となって、こうした地道な活動をやり続けた結果、確かな手応えをつかんだ。**違いが、資産価値に反映され始めた**のだ。

住民同士の触れ合いがある分譲地は、足を踏み入れた途端、帰ってきた感覚があるという。道端にもゴミが落ちていない。居心地がよく住民が長く住み続けるので、売り物件がなかなか出ない。物件に空きが出ても、評判がいいから、すぐに売れる。だから資産価値が落ちにくいという。

一方、触れ合いが少ない分譲地は、寂しい感覚がつきまとう。電灯が切れたままだったり、ゴミが目立ったりする。住民の出入りが激しい。資産価値も落ちやすくなるというわけだ。

震災後、活気を取り戻した地域と沈下した地域の違いとは？

コミュニティ作りのような、事業採算性が見えず、手のかかる取り組みができるのは、親会社のポラスのDNAもあるだろう。

埼玉県越谷市の「南越谷阿波踊り」は70万人を動員する日本三大阿波踊りのひとつだが、創設したのは、ポラス創業者の中内俊三さん。一企業が始めて、ここまで拡大した祭りは、世界的にも類例がないだろう。

この祭りを始めたのには、理由がある。創業者が徳島から開発途上の越谷の地に越してきたときに、街自体が安全であり、魅力がないと、不動産業は成り立たないと考えた。そこで、「越谷に愛着を持ち、ふるさとと呼べる魅力ある街にしたい」と願い、阿波踊りの開催を提案した。周囲の理解を得られるまで、何年間も粘り強く交渉してきた結果、1985年に、第1回開催に漕ぎつけた。

その後、年々規模を増してきた。2000年までは、ポラスグループが主催していたが、2001年からは、地元自治体や商店会・警察・消防による「南越谷阿波踊り実行委員会」を立ち上げ、まさに、地域住民・行政・民間が一体となった運営体制になっている。

このように企業が地域に深くかかわるのは、例外的な事例と思われるかもしれない。確かに、この規模とビジョンの大きさで、ビジネスとしての収益性と地域貢献を両立している会社は多くはない。

しかし、こうした**コミュニティを作ろうとしている企業が１社でもある地域は強い。**

私は、２０１２年から、毎年年初に、全国20カ所以上の都市を回り、講演会を開催している。そもそもの理由は、東日本大震災後、日本経済が真っ暗になってしまったときに、「私に何かできることはないか」と考えたことで、10年間を目標に、全国行脚を始めたのである。

当時、日本の景気はどん底だったが、今では、それから大きく変革し、生まれ変わったように活気を取り戻した地域と、２０１２年当時よりも沈下している地域が、真っ二つに分かれている。

その違いは何か。

それは、**長期的なビジョンを持って、その地域の未来にコミットしている中核となる経営者がいるかどうかだ**。

大きな規模の企業を率いるリーダーというより、**熱量の高いリーダーがひとりいると、その周辺に行政や大学関係者が集まり出す**。

そして、不思議なことだが、その熱量の高いリーダーが、なぜか共通にかかわっているのが「祭り」である。祭りこそ、コミュニティを形成するエネルギーの源泉であり、そこからできたコミュニティが、その会社のブランド価値を形作るのである。

地元の祭りに参加することは、遠回りのように見えて、実は、もっとも身近な企業価値の創造方法なのだ。あなたは地元の祭りに参加しているだろうか。

The Marketing Journey Milestone 31

事業を営んでいる地元の、祭りに参加しているか？

突破エリア

マイルストーン
32

大きな目標を掲げるのに、規模は関係ない

今の自社にとって途方もなく大きな目標を掲げることは、途方もない大きな成長につながる。そのことを実感できる事例が、日本にもある。金沢市で自動車リサイクル業を営む会宝産業だ。

あなたは、「ビジネス行動要請（Business Call to Action）」をご存じだろうか。

２００８年に発足した国連開発計画（ＵＮＤＰ）を含む６つの開発機関・政府が主導している取り組みで、長期的視点で商業目的と開発目的を同時に達成できるビジネスモデルを模索し、促進することを目的としている。

これまで、日本企業で加盟を承認されたのは、資生堂、住友化学など大企業ばかりだったが、２０１７年、**中小企業で初めて加盟を許された会社**が現れた。それが、会宝産業だ。

なぜ認められたのか。

それは「ビジネスと途上国開発を同時に達成できるビジネスモデル」を生み出したとして世界的に注目されているからだ。

廃車を解体し、部品を販売する自動車リサイクル事業は、長年、日本では注目されてこなかった。会宝産業も、１９６９年の立ち上げ当初は「解体業者」と呼ばれていたが、創業者の近藤典彦社長は、そこに大きな可能性を見出した。

日本の中古車は特に途上国で人気だが、現地に行くと、ショッキングな光景が広がる。リサイクルの仕組みが未成熟なため、広大な土地に、無数の壊れた車が無残な姿で積み上げられているのだ。

自動車の製造が「動脈」だとしたら、リサイクルは「静脈」。この静脈を世界的に整備することが自分たちの使命だ。金沢の小さな企業の社長に過ぎなかった近藤さんは、そんな地球規模の大目標を打ち立てたのである。

社員75名程度のローカル企業が、世界86カ国のプラットフォームを作り上げる

最初に、近藤さんが始めたのが、輸出向け中古エンジンの価格の適正化だ。それまでは

状態に関係なく「ひと山いくら」で売られていたが、その中には、状態のいいエンジンも含まれていた。それがほとんど使えないエンジンと同列に扱われるのは、非常にもったいないことだ。

そうした中古品の価値を高めるため、同社は、エンジンの品質を評価する規格を開発した。２０１０年に開発した「ＪＲＳ（ジャパン・リユース・スタンダード）」だ。これが、英国規格協会への申請を経て、世界初の中古エンジン規格「ＰＡＳ７７７」として認められたのである。

また、価格相場をつかむために、２０１４年に、世界最大の自動車中古部品市場があるＵＡＥ（アラブ首長国連邦）のシャルジャで、オークションを開催した。そのデータをもとに、廃車部品の査定から販売までを一元管理する「ＫＲＡシステム」を構築した。

このシステムを惜しげもなく国内外の同業他社に開放。また、リサイクルする技術者を養成する教育事業も始めた。

こうした取り組みが国際協力機構（ＪＩＣＡ）の目に留まり、その援助を受けながら、リサイクル工場をブラジルやケニアなどに設立。**世界86カ国の事業者を巻き込み、静脈産業の一大プラットフォーム**を築き上げた。

その結果、途上国の事業者が中古部品を適正な価格で売れるようになり、市場が拡大。従来廃棄された部品が売れるようになったことで、ゴミが減り、環境保全にも貢献したのである。

このグローバルスケールの事業を、社員75名程度のローカル企業が生み出したのだから、実に見事だ。その出発点は、「静脈を世界的に整備することが自分たちの使命だ」という大きな目標を立てたことであり、それがなければ、今の姿はあり得なかっただろう。

すべては大きな目標を掲げたことから始まった

ちなみに、現在、会宝産業は、新たなチャレンジに乗り出している。それは、農業だ。農業を始めるきっかけは、廃車するときに、エンジンオイルやブレーキオイルなど、さまざまなオイルが出てくることだ。

廃棄の対象でしかないオイルをなんとか再利用できないか。そこで、会宝産業は、近隣の大学との共同研究に乗り出した。その結果、廃油を燃料とするボイラーを作り上げたのである。

北陸は、二毛作が非常に難しいといわれていた。それは、ビニールハウス栽培に必要なガソリンや灯油のコストが高く、採算が合わないからだったが、廃油を燃料とするボイラーを開発したことで、二毛作をしても採算が合うめどが立ったのである。

現在は、「しあわせのトマト。」というトマトを作っているのだが、これがイチゴのように、とても甘い。当初は、赤字続きだったが、次第に流通先も増え、現在は採算がとれているという。

農業のいいところは、定年がないことだ。会宝産業でずっと働きたいという人のために、「会宝農園」を立ち上げたことで、リサイクルの仕事を定年で終えた人の、新たな受け皿ができた。会宝産業は、**シニアの生きがいまで生み出しているる**というわけだ。

自動車のリサイクルをきっかけに、農業や町づくり、さらには学校づくりまで、地球規模の活動を行っている。すべては、大きな目標を掲げたことから始まっているのである。

The Marketing Journey Milestone 32

躊躇せず、大きな目標を掲げているか？

おわりに

この本には、これまでの私の著作とひとつ大きな違いがある。

それは、ビジネスパーソンが対象読者ではあるが、実は、次の世代を担う中学生、高校生に読んでもらうことを強く意識した、ということだ。

彼・彼女たちに、学校の図書館で手にとってもらえることを、イメージしている。

「中学生、高校生には、ちょっと難しいのでは?」。そんな印象を持つ読者もいるかもしれないが、内容について、妥協はしなかった。

なぜなら、「マーケティング・ジャーニー」——すなわち、社会課題の解決を、事業の創出により実現する道筋は、子供たちが、学校で何を経験・学習すればいいのかを自ら見出していく上で、必ず役立つと、信じたからだ。

第1章でもお話ししたが、これから日本の教育は、**「探究学習」**に向かう。海外では、PBL（Project Based Learning）として知られる学習法だが、私が思うに、これは完全に**社会起業家を育成するプログラム**である。

今までの教育では、子供たちは、与えられた学習課題をうまくこなすことが求められていた。しかし、これからは、夢中になれる学習課題を、自分で見つけなければならない。そして、少子高齢化が進むにつれて、次々と出現する課題を、次々と解決する事業を創造することが期待されている。

これは教育の、本質的な進化だ。

30年ぶりの大改革といわれる、高校の学習指導要領（2022年度より施行）には、こう書かれている（傍線は筆者）。

> 学校教育には、子供たちが様々な変化に積極的に向き合い、他者と協働して課題を解決していくことや、様々な情報を見極め、知識の概念的な理解を実現し、情報を再

構成するなどして新たな価値につなげていくこと、複雑な状況変化の中で目的を再構築することができるようにすることが求められている。

「高等学校学習指導要領（平成30年告示）解説　総則編」

私は、この文章を初めて読んだとき、「これから高校は、年収2000万円クラスのエグゼクティブと同じ資質の人材を育成してくれるのか！」と、大いに喜んだ。つまり……、新しい学習指導要領が高校教師に求めているのは、それだけレベルの高い人材の養成なのだ。

教育×行政×企業×家庭＝協育の時代

これだけ重い責任を、現場の教師だけに担わせてしまうのは、どう考えても現実的ではない。

これからは、**地域行政×企業×家庭が、教育の先をしっかりと理解し、それぞれが持つリソースを最大限に開放しながら協業**することで、日本の突破口が拓けると思うのだが、どうだろう？

[図1-1]再掲
探究を突破口とした、新成長企業の創出

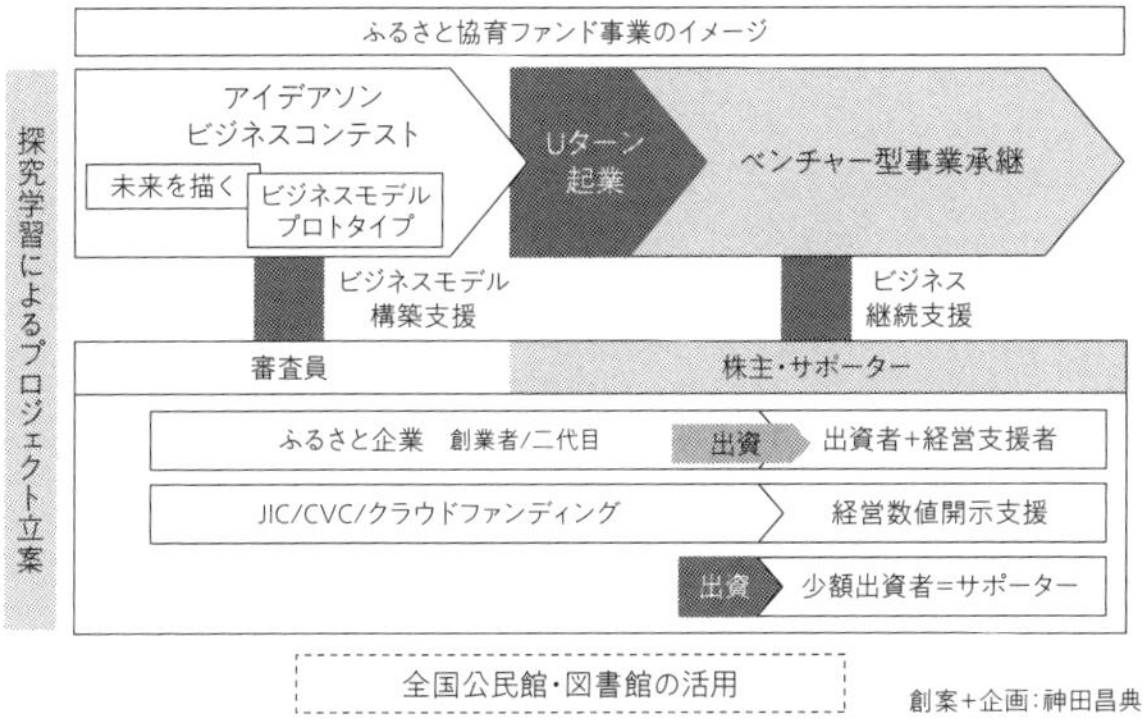

そのためのヒントになればと思い、第1章に、私案を掲げさせていただいた。図も再掲する。私が提案したいのは、探究学習、大阪万博などをきっかけに、奨学プラットフォームである「ふるさと協育ファンド」を全国で開設することだ。具体的な流れとしては、次のように展開していく。

1. キャリア教育により、学生の内発的動機を引き出す
2. 学内行事を通じて、社会的課題についての認識を深める
3. 探究学習により、課題解決プロジェクトを立案する
4. 地域大学がビジネス・コンテストを主

催。地域企業の次世代リーダーが審査員に
5．株式投資型クラウドファンディングにより、地域企業が事業出資
6．地域企業が、課題解決プロジェクトを、新規事業としてローンチ
7．学生をインターンとして採用。大学学費を始めとした奨学金を企業が提供
8．大阪万博とあわせ、地域万博を開催し、立ち上がった事業を展示。世界に向けてPR
9．日本発の課題解決型事業を、グローバルに広げる

このように、「ビジネスは、ビジネス」「教育は、教育」と分かれてしまっている現状に横軸を通していくと、親の収入の違いにかかわらず、すべての子供に最高の教育と経験を授けられる、社会全体での仕組み作りが可能になる。

こうした協働関係が、ほんの小さな試みでも、**ひとつの地域で動き出せば、それをモデルに、さまざまなステイクホルダーが参画し始める**だろう。

実現のために必要なものは、すでに準備されている

私は2012年より年初は必ず、全国20都市以上を講演会で回り、地域の経営者、教育現場の先生、議員の方々を始めとするリーダーたちとダイアログを交わす機会を持ってきた。
それぞれが、素晴らしいビジョンを持ち、
それぞれが、仲間を思いやり、
それぞれが、献身的に頑張っている。
足りないものが、ひとつあるとすれば、それは全体を調整する「ファシリテーター」だと思う。
優秀な人材はたくさんいる。
ただ優秀な人材を束ねられる人材が、表に出てこないのだ。

しかし、それも心配がない。

それこそ、**マーケティング・ジャーニーを歩むことによって、培われる能力**だからである。

そして、それを学ぶには、学校はぴったりの場所だ。

マーケティングは、社会課題の解決をきっかけに事業を広げていく力だが、そのためには、人の痛みを自分の痛みとして感じられる思いやりが必要不可欠となる。

他人との協働作業の中で、思いやりを養える場というのは、学校しかないのだ。

最後に……、
学校の図書館で、本書を手にとってくれた学生さんへ。そして、子供たちの親でありながら、自分の心の内にワクワクと弾む、中学生のような可能性を見出した大人たちへ。

マーケティング・ジャーニーとは――、
親の七光とか、親の年収の違いとか、
障がいのあるなしとか、頭の良し悪しとか、
そんなことじゃなくて……、
夢をやり抜く人が、評価される社会への道筋のことだ。
希望を掲げる限り、いつだって私たちの前に、大きな未来は開けている。
マーケティング・ジャーニーに、ようこそ！

【著者略歴】

神田 昌典（かんだ・まさのり）

経営／創造的課題解決コンサルタント
日本最大級の読書会「リードフォーアクション」発起人

上智大学外国語学部卒。ニューヨーク大学経済学修士、ペンシルバニア大学ウォートンスクール経営学修士。大学３年次に外交官試験合格、４年次より外務省経済局に勤務。戦略コンサルティング会社、米国家電メーカーの日本代表として活躍後、1998年、経営コンサルタントとして独立。

『GQ JAPAN』（2007年11月号）において“日本のトップマーケター”に選出。2012年、アマゾン年間ビジネス書売上ランキング第１位。2018年、マーケティングの世界的権威のECHO賞・国際審査員。現在、ビジネス分野のみならず、教育界でも精力的な活動を行っている。

主な著書に『ストーリー思考』（ダイヤモンド社）、『成功者の告白』（講談社）、『非常識な成功法則』（フォレスト出版）、『2022――これから10年、活躍できる人の条件』（PHPビジネス新書）、翻訳書に『ザ・コピーライティング』（ジョン・ケープルズ著／ダイヤモンド社／監訳）、『ザ・マインドマップ』（トニー・ブザン著／ダイヤモンド社）など多数。

装幀◎小口翔平、三沢稜（tobufune）
本文設計＋DTP◎ホリウチミホ（nixinc）
イラスト（図7－3）◎村山宇希（ぽるか）
校正◎内田翔
編集協力◎杉山直隆（オフィス解体新書）

マーケティング・ジャーニー
変容する世界で稼ぎ続ける羅針盤

2020年4月8日　1版1刷

著　者　神田昌典

発行者　白石　賢
発　行　日経BP
日本経済新聞出版本部
発　売　日経BPマーケティング
〒105-8308　東京都港区虎ノ門4-3-12
印刷・製本　中央精版印刷
ISBN978-4-532-32311-0